MALBROUGH

S'EN VA-T-EN GUERRE

MALBROUGH

S'EN VA-T-EN GUERRE

OPÉRA-BOUFFON EN QUATRE ACTES

PAR

MM. SIRAUDIN ET WILLIAM BUSNACH

MUSIQUE DE M***

Représenté pour la première fois, à Paris,
sur le théâtre de l'ATHÉNÉE, le 13 décembre 1867.

PARIS
E. DENTU, ÉDITEUR
LIBRAIRE DE LA SOCIÉTÉ DES GENS DE LETTRE
PALAIS-ROYAL, 17 ET 19, GALERIE D'ORLÉANS.

1867

PERSONNAGES

DE MALBROUGH, illustre guerrier.....	MM. CH. POTIER.
LORD BOULE-DE-GOMME...........	LÉONCE.
BOUTON-D'OR, page de madame Malbrough...........................	VAVASSEUR.
GALAOR, ménestrel de M. de Malbrough	BRICE.
UN TABELLION....................	E. PETIT.
PANTALON FILS....................	E. PETIT.
LE DOCTEUR PANDOLPHE..........	BARDOU FILS.
MADAME DE MALBROUGH...........	Mmes SUZANNE LAGIER.
BOBINETTE, servante................	LOVATO.
LE CAPITAN MATAMORE............	HELMONT.
SBRIGANI	HYACINTHE.
COLOMBINE..........................	PRALDI.
ISABELLE...........................	E. BRACHE.
CINTHIA.............................	SANGLES.
ANGÉLIQUE..........................	DAVENAY.
MARIANNE...........................	DEGRANT.
FLIPOTTE...........................	COUPIN.
INÈS................................	BOURGOIN.
PAGES de madame de Malbrough....	ARTUS.
	DUCRAY.
	MORLIANI.
	LEDUC.
	PAULY.

PAYSANS ET PAYSANNES, PAGES, VALETS ET SOLDATS.

S'adresser pour la mise en scène exacte et détaillée, traditions, etc., à M. Marc Leprévost, régisseur général du théâtre de l'Athénée.

POISSY. — TYP. ET STÉR. DE A. BOURET.

MALBROUGH

S'EN VA-T-EN GUERRE

ACTE PREMIER

Une salle du château de Malbrough. Portes latérales. — Une tour à droite. — Sortie par le fond ; fenêtre à gauche.

SCÈNE PREMIÈRE

Au lever du rideau, on entend sonner sept heures... La voix de Galaor, dans la coulisse, chante le couplet suivant.

GALAOR.

Toi, dont le nom restera dans l'histoire,
Quand d'autres noms pourront être oubliés,
O grand Malbrough, je célèbre ta gloire
Tous les matins... dans des vers de dix pieds!
Quelquefois huit, jamais moins de six pieds!
Et lorsque je t'implore
Sur ma lyre sonore,
Ah! souris à mes chants du fond de ton castel.
Accorde un ris, (bis.)
Un ris au lai de ton gai ménestrel! (bis.)
Tra la la la.

(Galaor entre, venant du fond. Il a sa guitare en bandoulière.)

GALAOR.

Là! voilà qui est fait! En ma qualité de barde ordinaire

de M. Malbrough, il est de mon devoir d'exécuter chaque matin sur ma lyre, quelques centons, virelais ou lais en son honneur... Je viens de lui servir son lai... (Écoutant.) N'aurait-il pas entendu?... Deuxième couplet.

SCÈNE II

GALAOR, BOBINETTE.

BOBINETTE.

Ah! Galaor! enfin je vous trouve...

GALAOR.

Bobinette!... ma chère Bobinette!

BOBINETTE.

Minute!... poëte de mon cœur!... J'ai besoin d'avoir une explication avec vous...

GALAOR.

Plus tard... et dans un autre endroit!

BOBINETTE.

Pourquoi? Nous sommes très-bien ici...

GALAOR.

Mais le seigneur Malbrough...

BOBINETTE.

Lui? Allons donc!... Tous les matins il s'éveille pour écrire ses mémoires et il se rendort en les écrivant... Il est en train d'écrire... expliquons-nous...

GALAOR.

Mais, Bobinette...

BOBINETTE.

Il n'y a pas de Bobinette! Où sont vos papiers? Depuis trois mois que vous me faites la cour... et qu'imprudemment je me suis laissée aller... à vous écouter... vous m'avez dit : J'ai écrit à Trépigny-les-Châtaignes... pour qu'on m'envoie mes papiers et des châtaignes, et, depuis trois mois, vous n'avez reçu ni papiers ni châtaignes... Qu'est-ce que cela veut dire?

GALAOR.

Hum! hum! les chemins sont si mauvais...

BOBINETTE.

Chansons... que tout cela!... Je veux bien être aimée d'un barde... mais je veux être épousée! Et je vous déclare que si d'ici trois jours... ces papiers ne sont pas arrivés... crac!... je me rattrape sur un autre...

GALAOR.

Un autre?... un autre?... et lequel?

BOBINETTE.

Pardié!... Croyez-vous que je sois embarrassée... moi, Bobinette, cuisinière en chef de la maison Malbrough, vingt ans, un minois chiffonné... et des économies...

GALAOR

Vous avez des économies?

BOBINETTE.

Dame!... écoutez donc!... C'est moi qui vais au marché! Et je ne fais pas comme les autres!...

I

Voyez-vous pas, tous les dimanches,
Près du château, sur les gazons,
Les fillettes en robes blanches
Caqueter avec les garçons.
Puis après, sur les ritournelles,
On les voit toutes se presser
Et danser!
Les filles font comm'ci, jouant de leurs prunelles;
Les garçons font comm'ça, vis-à-vis de leurs belles;
Mais moi, je n'fais, oui-d'à!
Ni çi, ni ça!

A ces plaisirs pleins d'innocence
Qu'il ne faut pas nier,
Non, pas nier;
Je préfère la danse,
La danse (3 *fois.*)
De l'anse
De mon panier!

II

J'en connais qui, dans leur ménage,
Ne se montrent pas très-galants;
Qui, lorsque survient un nuage,
Usent des moyens violents!
Bientôt la dispute commence,
On voit le couple s'échauffer,
Se fâcher!
Le mari fait comm'ci, sur un ton d'arrogance,
Et la femm'fait comm'ça, pour terminer la danse;
Mais moi je n'ferai, oui dà!
Ni çi, ni ça!

A ces plaisirs pleins d'innocence, etc.

GALAOR.

Prenez garde, si notre maître vous entendait...

BOBINETTE.

Il n'y a pas de danger, il se sera rendormi...

GALAOR.

Tant mieux... Depuis quelque temps, notre auguste maître devient assommant... Il est plein de manies... mais il en a une, entre autres, qui m'agace particulièrement...

BOBINETTE.

Ah! Et laquelle?

GALAOR.

Chaque fois que M. de Malbrough m'aperçoit, il vient à moi, me soulève le menton, me dit de ne pas bouger... puis, sans autre explication, il me regarde bien en face, me palpe le nez, puis me renvoie sans m'en dire davantage...

BOBINETTE, riant.

Ah! ah! le fait est qu'il est assez original pour cela...

GALAGR.

Qui ça?... mon nez... ou mon maître?

BOBINETTE, riant.

Tous les deux...

GALAOR.

Voyons, Bobinette... si nous reprenions notre conversation de tout à l'heure...

BOBINETTE.

Mais qui vient là?...

SCÈNE III

LES MÊMES, BOUTON-D'OR.

BOBINETTE.

C'est le page de madame de Malbrough... le joli Bouton-d'Or... Ah! quel air lugubre!

GALAOR.

Qu'avez-vous, Bouton-d'Or?

BOUTON-D'OR, soupirant.

Ce que j'ai!... Ah!... mes amis!... vous me le demandez!...

I

La noble dame
Qu'hélas! je sers,
A mis mon âme
Dedans les fers!
Savez-vous que c'est la plus belle
De par ici!
Mais c'est aussi
La plus cruelle!
Ah! je gémis d'être son page!
De ce doux et triste servage
Je souffre et meurs!
Coulez mes pleurs,
Hélas! je souffre et meurs!

BOBINETTE.

Pauvre garçon!...

GALAOR.

Laissez-moi donc! c'est une pose!

BOUTON-D'OR.

II

Oui, j'idolâtre
Ses blonds cheveux,
Son front d'albâtre
Et ses yeux bleus!
Cet ange aux brûlantes prunelles

Doit le matin,
Sous le satin,
Cacher ses ailes!...
Que je gémis d'être son page,
Etc.

GALAOR.

Pas mal, sa romance!...

BOBINETTE.

Ah! mon cher Bouton-d'Or... vous avez rudement tort de vous amouracher de votre bourgeoise... C'est une pimbêche... une pincée!

BOUTON-D'OR, énergiquement.

Malheureuse!.. Je crois que vous venez d'insulter ma dame... (Changeant de ton.) Après ça... ça m'est bien égal!... Elle me dédaigne... mais je me venge de ses dédains... grâce à Galaor...

GALAOR, bas.

Malheureux! tais-toi donc!

BOUTON-D'OR, bas.

C'est juste! J'allais trahir notre secret!

BOBINETTE.

Quoi?

GALAOR.

Rien!

BOUTON-D'OR.

Non, je dis... que j'ai pour elle... un amour pur, éthéré, qui n'a rien de terrestre!... Je lui mets un tabouret sous les pieds... ça ne me fait rien!... En lui attachant son gantelet, je presse sa main dans la mienne... ça ne me fait rien... Je porte la queue de sa robe... ça ne me fait rien encore!... Mais quand vient le moment où cet excellent Galaor!...

GALAOR, bas.

Chut! tais-toi!

BOUTON-D'OR.

Hum! hum!

BOBINETTE.

Quoi?

GALAOR.

Rien... c'est très-joli!... ce qu'il vient de dire là!

BOUTON-D'OR, bas.

C'est juste!... devant Bobinette.

BOBINETTE.

Ah çà, qu'avez-vous donc?

SCÈNE IV

LES MÊMES, MALBROUGH.

MALBROUGH, paraissant.

Ah! ah! ah!

TOUS.

Ciel!... M. de Malbrough!...

MALBROUGH.

Ça va-t-il un peu finir... ce jabotage perpétuel...

BOUTON-D'OR.

Seigneur, je vais vous dire...

MALBROUGH.

Quoi?... une chose pleine de sens et de raison... je ne veux pas savoir... parce que je n'admets pas qu'un page, un vassal, un vilain, puisse dire une chose sensée et raisonnable... Ça m'humilie... et si c'est une bêtise, ça n'est pas la peine de la dire... Ainsi, va-t-en et tais-toi... Ah! non, tais-toi d'abord... tu t'en iras ensuite... (Bouton-d'Or s'incline.) Et... Ah! te voilà, Galaor?... J'ai entendu ton lai tout à l'heure... Pas vilain, ton lai, mon ami; c'est un beau lai... mais pas tout à fait assez flatteur!... Approche un peu ici... (Il lui prend le menton.)

GALAOR, à part, à Bobinette.

Là!... qu'est-ce que je disais...

MALBROUGH, regardant le nez de Galaor avec attention.

Tu éternueras tout à l'heure! Bien! très-bien... Je crois que c'est parfaitement ça... Là... tu peux t'en aller aussi, mon cher ménestrel... (A Bobinette.) Toi, reste, Bobinette. (A part.) Elle a vraiment de l'œil cette petite... (Haut.) J'ai lu ce matin dans mon journal un menu au sujet duquel je désire te consulter (A Bouton-d'Or et à Galaor.) Laissez-moi... (Galaor et Bouton-d'Or sortent.)

SCÈNE V

MALBROUGH, BOBINETTE.

BOBINETTE.

Seigneur, vous avez quelque chose à dire à votre humble servante?...

MALBROUGH.

Oui... friponne!...

BOBINETTE.

Pour le menu du dîner...

MALBROUGH.

Tu sais bien que non, petite astucieuse. (Il veut lui prendre la taille.)

BOBINETTE.

Mais, monsieur... je vous l'ai déjà dit! vous vous méprenez... Je suis une honnête fille!...

MALBROUGH.

Ah! bon! encore! des phrases! des grands mots!... Écoute, Bobinette. Ta vue ne m'est pas positivement odieuse!... quoique tu ne sois qu'une petite vilaine.. tu ne me dégoûtes véritablement pas! Tu es fraîche et accorte... et il y a même sur ta personne certains détails qui me semblent assez agréables à voir! Bref, ton ensemble me plaît!... mais, retiens bien ceci...

BOBINETTE.

Je retiens...

MALBROUGH.

J'entends et je prétends... que tu te prêtes aux ordres de ton seigneur et maître.

BOBINETTE.

Ah! monsieur!... vous êtes un grand capitaine au dehors!... mais à l'intérieur... vous êtes bien exigeant...

MALBROUGH.

C'est vrai... je suis un peu exigeant... que veux-tu?... l'habitude de la victoire! Madame Malbrough va venir ici... je n'ai juste que le temps de t'embrasser!

BOBINETTE.

Oh! non, monsieur!...

MALBROUGH.

Tu te regimbes ?... Attends! (Il court après elle, l'attrape et l'embrasse. A ce moment paraît madame Malbrough. Coup de tam-tam.)

SCÈNE VI

LES MÊMES, MADAME MALBROUGH.

MADAME MALBROUGH.

AIR :

Il n' faut pas vous gêner,
Si je vous embarrasse,
Je vous cède la place.
Il n' faut pas vous gêner,
Et j' vais r' tourner, (*bis.*)
Oui, j' vais r' tourner
Me promener!

I

Pour mieux courir la pretentaine,
Dans la crainte d'un indiscret,
Si vous voulez, je f'rai le guet
Afin qu' personn' ne vous surprenne.
Si vous voulez, je f'rai le guet;
Oui, je ferai le guet
Ah!

Il n' faut pas vous gêner, etc.

II

Vos précédés doivent suffire...
Mais je ne veux point me montrer
Assez bête pour en pleurer
Assez godiche pour en rire!
Il n' faut pas vous gêner, etc.

(Parlé, à Bobinette.) Retournez à vos fourneaux, Bobinette,

BOBINETTE.

Madame... je vous assure que... quant à moi !...

MADAME MALBROUGH.

Bien... vous m'avez entendue... (Bobinette salue et sort.)

SCÈNE VII

MALBROUGH, MADAME MALBROUGH.

MALBROUGH.

Joséphine !... écoute-moi !... Tu aurais tort d'être jalouse...

MADAME MALBROUGH.

Jalouse, moi ?... d'un tablier ? Ah ! pouah ! (Elle boude.)

MALBROUGH.

Ne boude pas, bichette... Elle s'en ira, si tu le désires... Je n'y tiens pas à cette fille.

MADAME MALBROUGH.

Pardon... j'y tiens, moi.. Elle fait admirablement le pudding à la rhubarbe... Et vous savez que j'ai un faible, pour le pudding à la rhubarbe.

MALBROUGH, à part.

Détournons la giboulée !... (Haut.) Il n'y a peut-être pas que pour le pudding à la rhubarbe que vous avez un faible, madame...

MADAME MALBROUGH.

De la jalousie?... Cela vous va bien... C'est sans doute pour notre illustre voisin, lord Boule-de-Gomme, que vous dites cela, n'est-ce pas ?

MALBROUGH.

Pour lui d'abord... puis aussi pour un autre de vos adorateurs... votre page Bouton d'Or ?... Si vous croyez que je ne m'aperçois pas des soupirs qu'il pousse à votre intention ?...

MADAME MALBROUGH.

Vous tombez bien. Mais je ne puis pas le souffrir, mon page Bouton-d'Or... Quant à lord Boule-de-Gomme, puis-je l'empêcher de se montrer aimable, empressé ?... Voyons ! Étienne... si tu étais à ma place... tu le laisserais faire...

MALBROUGH.

Hein ?

MADAME MALBROUGH.

Faire sa cour... c'est de bonne politique... Il est bien posé dans le monde.

MALBROUGH, à part.

Elle a peut-être raison... (Haut.) Voyons, ne parlons pas de tout cela... et causons de choses sérieuses...

MADAME MALBROUGH.

Soit!...

MALBROUGH.

Ah!... (Avec un grand cri.)

MADAME MALBROUGH.

Quoi donc ?

MALBROUGH.

Tu ne sais pas ?

MADAME MALBROUGH.

Non.

MALBROUGH.

Eh bien... Joséphine... lors de ma dernière campagne... pour ne pas vous laisser inactive... et pour donner... à votre intelligence une occupation digne d'elle... je vous avais confié le soin de monter ma pendule tous les huit jours.

MADAME MALBROUGH.

Oui... et de plus... vous m'aviez appris l'art difficile de souffler le verre!...

MALBROUGH.

Noble occupation, n'est-ce pas, madame ?... Les verriers sont gentilshommes et bien vus dans la haute société, c'est pourquoi je vous avais prié de me bomber un cylindre de pendule...

MADAME MALBROUGH.

Je l'ai bombé!

MALBROUGH.

Je le reconnais!... vous êtes une cylindreuse très-distinguée... Eh bien, ce cylindre que vous me soufflâtes!...

MADAME MALBROUGH.

Eh bien ?

MALBROUGH.

Eh bien, je l'ai cassé matin!...

MADAME MALBROUGH, avec explosion.

Ah!... (Froidement.) Je ne sais pas pourquoi je dis : Ah!... Ça m'est bien égal !...

MALBROUGH, même jeu.

Ah!... (Froidement.) Et à moi donc !... Mais qui vient nous interrompre?

SCÈNE VIII

LES MÊMES, BOUTON-D'OR.

BOUTON-D'OR.

Seigneur !... (Apercevant madame Malbrough.) Mon Dieu !... qu'elle est belle et qu'elle est opulente...

MALBROUGH.

Qu'est-ce?... que me veut-on? Pourquoi venir m'interrompre dans mes moments d'épanchement !

MADAME MALBROUGH.

Le fait est que pour une fois que nous nous épanchons...

BOUTON D'OR.

Monseigneur, je serais au désespoir que vous ne vous ne épanchassiez point... mais il y a un messager...

MALBROUGH.

Un messager ?

BOUTON-D'OR.

Il arrive de la cour... Et il attend dans celle de votre château !...

MALBROUGH.

Eh bien! qu'il monte!

BOUTON-D'OR.

Il ne peut pas, seigneur... il est à cheval.

MALBROUGH.

Eh bien ! qu'il descende...

BOUTON-D'OR.

Il ne peut pas descendre...

MALBROUGH.

Et pourquoi?

BOUTON-D'OR.

Parce que... parce que...

MADAME MALBROUGH.

Parce que?...

BOUTON-D'OR.

Parce que... (A part.) Je ne peux pas dire ça devant elle. (Bas à Malbrough.) Voilà trente-sept heures qu'il est en selle...

MALBROUGH, bas.

Silence! (Haut.) Il y a trente-sept heures qu'il est en selle...

MADAME MALBROUGH, indignée.

Ah!

BOUTON-D'OR.

Oh! devant elle!

MALBROUGH.

Eh bien, où est-il ce message?...

BOUTON-D'OR, regardant madame Malbrough avec admiration.

Quel message?

MADAME MALBROUGH.

Le message du messager...

MALBROUGH.

Il n'y a pas de messager sans message...

MADAME MALBROUGH.

Il n'y a pas de message sans messager.

MALBROUGH.

Comment, imbécile... (Il lui envoie un coup de pied.)

BOUTON-D'OR.

Ah! pardon!... (Il tire une énorme lettre de son pourpoint.) Voilà le message du messager.

MALBROUGH.

Donne... donne donc!... (Il prend la lettre et l'ouvre.) Grands Dieux!...

MADAME MALBROUGH.

Quoi donc?

TRIO.

MALBROUGH.

Qu'ai-je lu ?

MADAME MALBROUGH.

Qu'a-t-il lu?

MALBROUGH.

Qu'ai-je lu ?

BOUTON-D'OR.

Qu'a-t-il lu?

MALBROUGH.

Un pouvoir résolu,
Absolu,
A voulu...

MADAME MALBROUGH et BOUTON-D'OR.

Un pouvoir résolu,
Absolu,
A voulu...

MALBROUGH.

Me donner un gage
De son contentement
En me nommant...

MADAME MALBROUGH et BOUTON-D'OR.

En vous nommant ?...

MALBROUGH.

Général !

MADAME MALBROUGH et BOUTON-D'OR.

Général !... Général !...

MALBROUGH.

Oui, c'est le témoignage
De son contentement.

BOUTON-D'OR.

Seigneur, je suis content!

MADAME MALBROUGH.

Ah ! quel événement ! (*bis.*)
Ah! ah ! je me trouve mal !
Oui, je me trouve mal,
Mais de contentement.

(Elle va s'évanouir.)

MALBROUGH.

Remettez à d'autre moment
Votre évanouissement!...

MADAME MALBROUGH.

C'est juste!... j'ai le temps dans mes appartements
De me livrer à mes évanouissements!

MALBROUGH.

Mais continuons ce message!

(Il lit.)

Qu'ai-je lu?...

MADAME MALBROUGH et BOUTON-D'OR.

Qu'a-t-il lu?

MALBROUGH.

Il faut que je me mette à la poursuite
Des ennemis
De mon pays!
Il faut que je livre bataille
Dès ce soir! (*bis.*)
Allez sans ajournement
Préparer mon armement,
Mon fourniment
Et généralement
Préparer tout mon bataclan!

TOUS TROIS.

Oui, préparons tout son bataclan!

(Bouton-d'Or sort par le fond. Madame Malbrough se prépare à sortir par la droite.)

SCÈNE IX

MADAME MALBROUGH, MALBROUGH.

MALBROUGH.

Attendez!... tout à l'heure je vous ferai mes adieux avec une certaine solennité... Pour l'instant, je n'ai qu'un mot à vous dire : puisque j'ai cassé ce matin mon globe de pendule, pendant mon absence, vous m'en bombe rez un autre.

MADAME MALBROUGH.

Ah! mais, seigneur!

MALBROUGH.

Je l'exige!... je vous en prie...

MADAME MALBROUGH.

Allons, puisqu'il faut bomber, bombons. (Madame Malbrough envoie un baiser à son mari et sort). Maintenant, appelons mon barde...

SCÈNE X

MALBROUGH, seul.

(A peine est-il seul, qu'il va fermer les portes mystérieusement et appelle.)

Galaor !... oui... cette missive... (Appelant.) Galaor ! .. Il n'y a plus à hésiter ! (Appelant.) Galaor !

SCÈNE XI

MALBROUGH, GALAOR.

GALAOR, entrant.

Seigneur... vous m'avez fait l'honneur de...

MALBROUGH.

C'est bien ! Galaor, prête-moi la plus grande attention...

GALAOR, s'inclinant.

Mon dévouement...

MALBROUGH.

Assez !... Galaor, il y a une dizaine d'années je t'ai pris comme ménestrel pour tout faire, et si ta mémoire est fidèle tu dois savoir que tu es entièrement à ma disposition, car tu n'as pas oublié la nuit du 29 septembre 1666.

GALAOR.

La nuit du 29 septembre 1666...

MALBROUGH.

Une jeune fille, blonde comme les blés, naïve comme une rosière, avait su toucher mon cœur... Son oncle, le baron de Tête-à-Giffles, était riche et vieux garçon... Flairant une bonne affaire... j'avais demandé sa nièce en mariage... le baron de Tête-à-Giffles me l'avait refusée...

GALAOR.

Net !

MALBROUGH.

C'est alors que je t'obligeai... à vaincre les répugnances du baron, et la vertu de la jeune fille... Tu parvins... par tes manigances... par tes sortiléges... par ce pouvoir fatal que tu possèdes, à fasciner la timide enfant... J'enlevai l'objet adoré... et le lendemain, elle était madame Malbrough!...

GALAOR.

Elle l'est encore!

MALBROUGH.

Oui, et si tu crois que ça m'a porté bonheur d'enlever ma femme?... L'oncle Tête-à-Giffles n'a jamais voulu lâcher un sou de dot... et tout vieux qu'il est... je le crois capable de déshériter sa nièce en faveur d'une danseuse de corde dont il est tombé amoureux!...

GALAOR.

Allons donc!

MALBROUGH.

Mais pour en revenir à toi, puisque ta vie m'appartient... voilà de quelle façon je prétends en disposer. Tu sais que je viens d'être chargé du commandement de nos glorieuses phalanges... mais, entre nous... et si tu veux que je te parle franchement... j'en ai plein le dos de la gloire... Et quant à l'illustration... n'en faut plus... Aussi, mon cher Galaor, tu apprendras sans doute avec plaisir que j'ai résolu de te faire partir à ma place.

GALAOR.

Moi!... y songez-vous! Si l'on vous voit ici... comment pourra-t-on croire que vous êtes là-bas?

MALBROUGH.

Je t'attendais là! Du moment que tu es Malbrough, Malbrough n'a plus qu'une chose à faire, c'est de prendre ta place et d'être Galaor...

GALAOR.

Mais comment pouvez-vous penser que l'on vous prendra pour moi?...

MALBROUGH.

Rien de plus simple. Ne t'es-tu pas dit quelquefois : Ah! comme deux hommes qui auraient exactement le même nez se ressembleraient à s'y méprendre!

GALAOR.

Non... jamais!...

MALBROUGH.

Eh bien, je me le suis dit, moi! Et voici quel a été le résultat de mes réflexions et de mes veilles. (Allant à son secrétaire et y prenant un coffret qu'il ouvre. — Trémolo à l'orchestre.) Tiens... regarde!...

GALAOR, se tâtant le nez.

Ciel!... mon nez!...

MALBROUGH, tirant de la boîte un faux nez en ivoire identiquement semblable à celui de Galaor.

Oui, ton nez... ou du moins son frère... car c'est moi qui l'ai fabriqué avec mon tour... Oui, on m'a appris à tourner... dans les temps où j'étudiais la politique!

GALAOR.

Voilà donc pourquoi vous le regardiez si souvent, mon nez!...

MALBROUGH.

Viens, Galaor, je ne veux pas que tu puisses communiquer avec quiconque, jusqu'au moment de ton départ.

GALAOR.

Mais... (A part.) Et Bobinette qui ne sera pas prévenue.

MALBROUGH.

Et pendant que tu seras là-bas, je lirai avec le plus vif intérêt les nouvelles du théâtre de la guerre... Je te promets même d'acheter une carte avec des épingles et des petits drapeaux... et je piquerai!... Ah! je me sens électrisé!...

GALAOR.

Moi pas!...

DUETTO.

MALBROUGH.

Tu vas courir à la victoire,
Et moi je resterai chez nous.
C'est pour moi que sera la gloire,
C'est pour toi que seront les coups!

Et si par ta vaillance,
Tu réussis... très-bien,
J'aurai la récompense
Et toi, tu n'auras rien!

(Parlé.) Par le flanc droit, par file à gauche, pas accéléré, en avant... arche !

ENSEMBLE.

GALAOR.

Je vais courir à la victoire,
Tandis qu'il va rester chez nous.
C'est pour lui que sera la gloire,
C'est pour moi que seront les coups.

MALBROUGH.

Tu vas courir à la victoire,
Et moi je resterai chez nous.
C'est pour moi que sera la gloire,
C'est pour toi que seront les coups.

(Ils sortent par la gauche.)

SCÈNE XII

MADAME MALBROUGH, puis LORD BOULE-DE-GOMME.

MADAME MALBROUGH, croyant parler à son mari.

Seigneur... au moment de... Ciel ! c'est lui...

LORD BOULE-DE-GOMME, entrant.

C'est elle ! Elle est seule, libre, osons. Madame...

MADAME MALBROUGH.

Lord Boule-de-Gomme ! Ah ! c'est vous, monseigneur... (Chantant.) Eh bien ! vous savez la nouvelle ?

BOULE-DE-GOMME.

Non... Je sais rien ! La nouvelle, quelle nouvelle ?

MADAME MALBROUGH.

Il part !

BOULE-DE-GOMME.

Ah ! ah ! qui ça ?

MADAME MALBROUGH.

Quand je vous dis : Il part ! Croyez-vous que je veuille parler du canon du Palais-Royal.

BOULE-DE-GOMME.

Non ! d'autant plus qu'il est midi passé !

MADAME MALBROUGH.

C'est mon mari qui part ! Ah ! ah !

BOULE-DE-GOMME, sautant de joie.

Ah ! ah ! Il s'en va ! Quelle chance !...

MADAME MALBROUGH.

Prenez garde, Boule... Quelle chance est un cri inconvenant, faites-y attention !

BOULE-DE-GOMME.

Que voulez-vous? c'est plus fort que moi, je ne déguise pas ma pensée !... S'il part, c'est qu'il va se battre; s'il va se battre, c'est qu'il part; il peut n'en pas revenir... et alors...

MADAME MALBROUGH.

Oh ! je ne le désire pas !... Mais si cela arrivait...

BOULE-DE-GOMME.

Oh ! oui, s'il arrivait que votre époux ne revînt qu'à l'état de feu...

MADAME MALBROUGH.

A l'état de feu?...

BOULE-DE-GOMME.

Oui... de feu Malbrough !

MADAME MALBROUGH, à part.

Oh ! qu'il est bête !

BOULE-DE-GOMME.

Ah ! cela n'éteindrait pas le mien, de feu ! Car alors ce devoir, ce devoir fatal qui élève une barrière infranchissable entre mon bonheur et le vôtre...

MADAME MALBROUGH.

Oh ! oui, n'est-ce pas ?... Oh ! dites-le moi encore, que je n'ai pas à rougir de mon amour pour vous...

BOULE-DE-GOMME.

Hélas ! ce n'est que trop vrai !... et cependant...

I

Un soir près de vous je m'avance,
C'était au bal !
L'orchestre a donné de la danse,

Le gai signal.
Tous deux la valse nous entraîne,
Loin des jaloux.
Et soudain me voilà, ma reine,
A vos genoux.
Là, malgré ma brûlante flamme!
Ma tendre ardeur,
Je n'ai rien obtenu, madame,
(Saluant.)
De votre honneur.

II

Une autre fois, dans la prairie,
Nous chevauchions.
L'un vers l'autre, l'âme attendrie,
Nous nous penchions.
Les oiseaux, les fleurs, la ramure,
Tout en ce jour
Dans nos cœurs et dans la nature
Chantait l'amour!
Pourtant, malgré sa triste peine,
Mon pauvre cœur
N'obtint rien, ô ma châtelaine,
(Saluant.)
De votre honneur.

REPRISE ENSEMBLE.

Oui, malgré ma brûlante ardeur,
Etc., etc.

BOULE-DE-GOMME.

Hélas, oui! Je n'ai rien pu obtenir de votre honneur, même que ça commence à m'embêter un peu, de vous à moi, ou de moi à vous.

MADAME MALBROUGH.

Ah! cher Boule-de-Gomme, cela est si bon de se sentir aimée et pure à la fois!... Cela est si doux de se dire : Je pourrais faiblir et je ne faiblis pas... Ah! il est bien consolant pour une honnête femme de s'avouer qu'on n'a point à se reprocher une faute, et pourtant quelquefois je me reproche de n'avoir rien à me reprocher!

BOULE-DE-GOMME, s'élançant vers elle.

Oh! Joséphine!

MADAME MALBROUGH.

Prosper ! du monde !...

SCÈNE XIII

Les Mêmes, BOUTON-D'OR, PAYSANS, PAYSANNES, puis BOBINETTE.

BOUTON-D'OR.

Allons, vassaux, paysans et vilains... chantez tous... et en mesure... si c'est possible.

CHOEUR.

Que chacun de nous témoigne,
Aux preux qui va guerroyer,
De son métier,
Le chagrin qui nous empoigne...

MADAME MALBROUGH.

Assez !... M. de Malbrough n'est pas là !

BOBINETTE, entrant, une malle en cuir à la main.

Ousqu'il est donc ? v'là sa malle faite.

BOUTON-D'OR.

Ah ! il s'avance suivi de son fidèle trouvère Galaor... Reprenez, vous autres...

REPRISE DU CHOEUR.

Que chacun de nous témoigne,
Aux preux qui va guerroyer,
De son métier,
Le chagrin qui nous empoigne,
Quand on le voit s'éloigner.

SCÈNE XIV

Les Mêmes, GALAOR, dans la cuirasse de Malbrough, visière baissé, MALBROUGH, portant les habits de Galaor, le nez postiche et des moustaches.

MALBROUGH, à Galaor.

Avance donc, clampin !...

GALAOR, bas.

Ma cuirasse me gêne !...

MALBROUGH.

Ça ne fait rien !... Baise la main de ma femme !...

GALAOR, bas.

Mais...

MALBROUGH.

Fais les gestes, c'est moi qui parlerai... (Galaor va baiser la main de madame Malbrough.) Adieu, madame...

MADAME MALBROUGH.

Noble et tendre époux, soyez vainqueur ! Ah ! dans l'œil son cadenas...

MALBROUGH, bas à Galaor.

Parle à la foule...

GALAOR.

Mais...

MALBROUGH, bas.

Sois gestueux... je serai éloquent ! (Galaor fait les gestes pendant ce qui suit.) Madame Malbrough... et vous tous, fidèles serviteurs, amis et vassaux... je ne veux pas que mon départ... (A Galaor.) Remue donc les bras... de la physionomie dans le geste, va donc ! (Il le pousse et continue.) Que mon départ soit pour vous une occasion de tristesse et de désespoir ! Au contraire ! amusez-vous bien tandis que je vais combattre là-bas... (Abaissant le bras le Galaor.) Assez !...

TOUS.

Vive monseigneur !...

BOBINETTE, s'approchant.

Monseigneur, v'là votre valise; mais vous n'avez pas de

chance... la blanchisseuse ne vient que demain... et vous manquez de chaussettes.

MALBROUGH, bas à Galaor.

Attention!... Je vais dire quelque chose d'héroïque. (A Galaor.) Regarde tes pieds... (Haut.) Pas de chaussettes, dis-tu?... Je n'ai pas besoin d'en emporter... les ennemis en ont...

BOULE-DE-GOMME, à part.

Pristi!... c'est un grand capitaine!...

MADAME MALBROUGH, à part.

Comme général, parfait! Comme mari, mégnin...

BOULE-DE-GOMME.

Général, tous mes compliments. Si l'histoire était là, elle burinerait vos paroles...

MALBROUGH, à Galaor.

Instructions dernières : J'ai mis un cadenas de sûreté à ta visière, afin que tu ne puisse pas l'ouvrir... car pour l'ouvrir, il faudrait savoir le mot... et il est peu probable que tu le devines, ce mot, bien qu'il n'ait que seize lettres.

GALAOR, cherchant.

Seize lettres!...

MALBROUGH, au public.

C'est : Va te promener!... (A Galaor.) Maintenant, salue la multitude au fond, ça fait bien. (Galaor va au fond, salue la multitude et les paysans. — Pendant que Galaor salue et remercie du geste, madame Malbrough s'approche de son mari.)

FINAL.

MADAME MALBROUGH.

Galaor... dites-moi, dans un instant, peut-être
Vous accompagnez votre maître.

MALBROUGH.

Non pas! mais, jusqu'au bourg voisin,
Je vais lui faire la conduite,
Puis je reviens ici soudain.

MADAME MALBOROUGH.

Près de moi, revenez bien vite.
Il faut que je vous parle...

MALBROUGH, à part.

A moi ?...

BOULE-DE-GOMME, bas à Malbrough.

Ce soir, je veux te voir dans un lieu solitaire.

MALBROUGH.

Encore !... Ah ! mais...

BOUTON-D'OR.

Tu sais que je compte sur toi.
A ce soir, Galaor...

MALBROUGH.

Et de trois ! Quel mystère !...
Mais je saurai l'approfondir...

BOBINETTE.

Je veux te parler en cachette,
Aussitôt ton retour;
Avant la fin du jour,
Hâte-toi de venir retrouver Bobinette !

MALBROUGH.

Ah ! } *bis.*
Bah ! }
Et de quatre !
Que diable veut dire cela ?
Oh ! que j'ai donc bien fait, oui-dà,
De ne pas m'en aller combattre
Là-bas
Un tas
De pauvres ennemis que je ne connais pas.
Oui, je crois bien qu'ici je n'en manquerai pas !...
Ouvrons l'œil, ouvrons l'œil sur toutes ces manœuvres.

MADAME MALBROUGH.

A ce soir !

BOUTON-D'OR.

A ce soir !

BOBINETTE.

A ce soir !

BOULE-DE-GOMME.

A ce soir !

MALBROUGH, à part.

Mais quel peut être leur espoir ?
Il faudra voir
Car je ne voudrais pas avaler leurs couleuvres.
Ouvrons l'œil !

(Haut, à Galaor.)

Allons, mon cher maître, partons!

(On voit Galaor trembler dans la cuirasse. — Bas à Galaor.)

Voyons, Galaor, du courage!

TOUS, moins madame Malbrough.

Voici l'instant, le vrai moment,
Partez majestueusement,
Et bon voyage!

BOULE-DE-GOMME.

Adieu, Malbrough, adieu,
A la grâce de Dieu!

MADAME MALBROUGH.

Ah! arrêtez (*bis*), s'il vous plaît!
Arrêtez! Galaor, le poëte,
Le ménestrel
De ce castel,
N'aurait-il pas une ballade prête
Pour chanter le départ de son noble seigneur?
Allons, une épopée,
Digne de sa valeur,
Digne de son épée!

MALBROUGH, à part.

Fichtre! je suis pincé!

(A Galaor.)

Souffle-moi!

GALAOR, bas.

Je ne puis, mon casque est trop baissé,

MALBROUGH.

N'importe! improvisons!

TOUS.

Vous tous, faites silence;
Voyez, il se recueille en secret.

MALBROUGH.

Je commence.

TOUS.

Il commence!

CHANSON.

I.

Malbrough s'en va-t-en guerre,
Mironton, mironton, mirontaine;
Malbrough s'en va-t-en guerre,
Ne sais quand reviendra (*bis*).

LE CHOEUR.

Bravo!

MALBROUGH.

II.

Il reviendra-z-à Pâques,
Mironton, mironton, mirontaine;
Il reviendra-z à Pâques,
Ou à la Trinité!

LE CHOEUR.

Encore, Galaor!

MALBROUGH.

Ou à la Trinité!

LE CHOEUR.

Bravo, Galaor!

MALBROUGH.

Ou à la Trinité!

LE CHOEUR.

Bravo, Galaor!

(Galaor serre la main de Malbrough qui continue.)

MALBROUGH.

Allez, partez, à a gloire fidèle,
Faites pâlir les ennemis altiers;
Allez cueillir une palme immortelle
Parmi les champs où croissent les lauriers!

REPRISE EN CHOEUR.

Malbrough s'en va-t-en guerre, (*ter.*)
Etc., etc.

(Galaor s'arrache aux embrassements de madame Malbrough, de Bouton-d'Or et de Bobinette.)

ACTE DEUXIÈME

Le théâtre représente un terrasse avec balustrades au fond. Tapisserie pouvant fermer le théâtre. Au fond, à l'entrée de la terrasse, corps de logis à droite et à gauche avec portes. Un énorme pot de fleurs, à gauche du théâtre.

SCÈNE PREMIÈRE

MADAME MALBROUGH, BOUTON-D'OR, BOULE-DE-GOMME, BOBINETTE, PAYSANS et PAYSANNES.

(Au lever du rideau, tous les personnages en scène sont occupés à regarder dans la campagne avec des lunettes d'approche.)

CHOEUR.

Il chemine
Et sa mine
S'illumine
De noble fierté. } *bis.*
Par l'audace
Il surpasse
De sa race
L'intrépidité.

BOUTON-D'OR.

J'aperçois son brillant panache,
Au loin tout là-bas flamboyant.

BOULE-DE-GOMME.

Le soleil prudemment se cache
Rien qu'à son aspect foudroyant.

BOBINETTE.

Monsieur vu de dos me rappelle
Le grand chevalier Duguesclin.

MADAME MALBROUGH.

Avec son casque qui ruisselle
On dirait tout à fait Mengin.

REPRISE DU CHŒUR.

Il chemine,
Etc.

MADAME MALBROUGH.

Mais là-bas tout devient confus!...
Hélas ! je ne l'aperçois plus...

(Elle s'avance et chante ce qui suit.)

COUPLETS.

I

Il est parti,
Mon cher mari,
Il prend la poudre d'escampette ;
Ce moment-là,
Toujours plaira
A la femme la plus honnête !

Je vonlais depuis bien longtemps
Me donner un peu d'agréments,
Et je bénis la circonstance
Qui nécessite son absence.
Ah! il est parti !
Etc.

II

Quand il part avec ses troupiers
Pour cueillir ses petits lauriers,
Moi je veux comme une grisette
M'en aller cueillir la noisette.
Ah! il est parti !
Etc.

Ne plus le voir,
Quel désespoir ! (bis.)

(A ce moment, tous les personnages se mettent à danser sur le chœur suivant qui doit être rhythmé comme un quadrille.)

CHŒUR DANSÉ.

De gémir que l'on s'empresse
Quoi ! nous n'allons plus le revoir !
Pour nos cœurs, quelle tristesse !
Livrons-nous au désespoir,

MADAME MALBROUGH, parlé.

Assez! Accrochez votre douleur... (Tout le monde s'arrête.)

BOULE-DE-GOMME, à part.

Elle est seule... libre... osons... (Haut.) Madame un mot...

MADAME MALBROUGH.

Parlez! milord...

BOULE-DE-GOMME.

Ne me ferez-vous pas l'honneur d'accepter pour ce soir une invitation à souper?

MADAME MALBROUGH.

Y pensez-vous, monseigneur?... Moi!... Seule chez un jeune homme!... Ah!... que dirait le monde? Allons, allons, avouez-le, votre invitation est inconvenante...

BOULE-DE-GOMME.

En effet! je suis assez inconvenant, c'est dans ma nature, c'est plus fort que moi...

MADAME MALBROUGH.

Tandis que moi qui souperai seule, si je vous invitais... ce serait également inconvenant... Mais au moins... si je suis compromise... ce sera chez moi!

BOULE-DE-GOMME.

Oh! oui. (A part.) Elle est adorable. (Haut.) Sauvons les apparences. (Il lui prend sa fleur.) Elle est à moi...

MADAME MALBROUGH.

Donc!... A ce soir!... (Avec tendresse.) Il y aura des huitres!...

BOULE-DE GOMME, vivement.

J'y serai...

MADAME MALBROUGH.

Et vous, décrochez votre douleur et allez l'exhaler dans le huis clos...

REPRISE DU CHŒUR.

De gémir que l'on s'empresse,
Etc. etc.

(Tout le monde se disperse par le fond en dansant. Madame Malbrough sort par la gauche avec son entourage. Boule-de-Gomme sort par le fond avec les paysans.)

MADAME MALBROUGH.

Prosper, encore un... (Nouveau salut entre madame Malbrough et Boule-de-Gomme.)

SCÈNE II

MALBROUGH, *paraissant à la porte de droite.*

Je viens de conduire Galaor jusqu'à la barrière... Personne ne se doute de la substitution, l'illusion est complète...

SCÈNE III

MALBROUGH, BOBINETTE.

BOBINETTE.

Ah! c'est vous, mon petit Galaor...

MALBROUGH, *à part.*

C'est Bobinette! vous allez voir, ça va amener des situations...

BOBINETTE.

J'ai une bonne nouvelle...

MALBROUGH.

Ah!

BOBINETTE.

Oui... pendant les préparatifs de départ de notre excellent maître...

MALBROUGH *à part.*

Elle est bonne fille... elle m'aime bien!...

BOBINETTE.

Qui peut ne pas revenir si ça lui convient... car je m'en soucie comme d'une guigne!...

MALBROUGH.

Bobinette! du respect!...

BOBINETTE.

Qué bêtise!... Il est bien loin... Il ne peut pas nous entendre, et vous-même, ne m'avez-vous pas dit souvent, à l'endroit de M. de Malbrough, une phrase que je n'ai jamais bien comprise?

MALBROUGH.

Quelle phrase? quelle phrase?

BOBINETTE.

Dame! vous dites toujours... En voilà un empêcheur de danser en rond!

MALBROUGH.

Comment il a dit... Non, j'ai dit... Ah!... bon... (A part.) J'oublie toujours que c'est moi qui... et que c'est lui qui...

BOBINETTE.

Mais il ne s'agit pas de M. de Malbrough... mais de vous, de notre bonheur...

MALBROUGH.

Ah! de notre bonheur?... (A part.) De quel bonheur veut-elle parler ?

BOBINETTE.

Comme je vous le disais, y avait tant de monde... ici, ce matin... que je ne vous ai pas prévenu qu'une lettre était arrivée pour vous... Ma foi! je l'ai ouverte...

MALBROUGH.

Ah !

BOBINETTE.

Vous comprenez, au point où nous en sommes.

MALBROUGH.

Oui, oui... (A part.) A quel point en est-elle donc avec Galaor?...

BOBINETTE.

Et j'ai trouvé vos papiers!

MALBROUGH.

Mes papiers! pourquoi faire ?

BOBINETTE.

Ah! c'en est trop!

COUPLETS.

I

Mais Galaor à vous entendre,
On dirait que vous n' savez pas
Ce que de vot' honneur doit attendre
Une pauvre fille dans l'embarras...
Apprenez donc, sans plus d' mystère,
Que j'ai droit à des attentions,
Et j' vous dirai (*bis.*) c' qu'on dit à son propriétaire,
Il me faut (*bis.*) les réparations!...

II

Jadis, abusant d' votr' bonne mine,
Sur mon cœur, mettant l'embargo
Avec cet œil qui me fascine;
Vous me jurâtes le conjungo,
Aujourd'hui, c'est une autre affaire,
Voilà par trop d'hésitations!...
Et je vous dirai (*bis.*) c' qu'on dit à son propriétaire, } *bis.*
Il me faut (*bis.*) des réparations!...

MALBROUGH.

Ah! je comprends! Tiens! tiens!... mais ce matin... vous me disiez... « Je suis une honnête fille!... »

BOBINETTE.

Je vous ai dit ça, moi?

MALBROUGH.

Oui!

BOBINETTE.

Pas vrai! c'est à M. de Malbrough... Vous étiez donc là?...

MALBROUGH.

Non... non!... c'est lui qui me l'a répété!...

BOBINETTE.

Faut-il qu'il soit bête...

MALBROUGH, criant.

Qui?...

BOBINETTE, criant.

Lui!

MALBROUGH, criant.

Moi?...

BOBINETTE, criant.

Non!...

MALBROUGH, criant.

Ah! j'y suis!... (A part.) J'oublie toujours... (Haut.) Eh bien... voyons!... je consentirai à ce que tu exiges... (A part.) Qu'est-ce que je risque?...

BOBINETTE.

Ah!... mon bon Galaor...

MALBROUGH.

Mais à une condition, mon petit cœur...

BOBINETTE.

Voyons!...

MALBROUGH.

C'est que tu me permettras de t'embrasser...

BOBINETTE.

Jamais... on pourrait nous voir... Mais... si par hasard, vous vous trouviez ce soir... à neuf heures, dans l'allée des Néfliers... près du kiosque...

MALBROUGH.

Près du kiosque... j'y serai... (A part.) Vous voyez que ça amène une situation...

BOBINETTE.

C'est bien parce que c'est vous... et que vos papiers sont arrivés... Mais je cours à mon ouvrage... A ce soir!

MALBROUGH.

A neuf heures... allée des Néfliers.

BOBINETTE.

Près du kiosque!... ne l'oubliez pas... des réparations... (Elle sort par la gauche, au moment où lord Boule-de-Gomme entre par le fond.)

SCÈNE IV

Lord BOULE-DE-GOMME, MALBROUGH.

MALBROUGH, la regardant aller.

Elle est vraiment très-agaçante, cette Bobinette!... Elle a confiance en moi... Elle a bien tort...

BOULE-DE-GOMME, descend.

Elle est seule, libre, osons... Ah! non, c'est Galaor!... (Haut.) Psstt! Galaor!... (Il lui tape sur l'épaule.)

MALBROUGH.

Oh! que c'est bête!...

BOULE-DE-GOMME.

Ne fais pas attention... Les moments sont précieux... parlons vite...

MALBROUGH.

Parlez!...

BOULE-DE-GOMME, mystérieusement.

Dis-moi! combien en faut-il de gouttes?

MALBROUGH.

Comment dites-vous ça?

BOULE-DE-GOMME.

Je te dis... combien en faut-il de gouttes?

MALBROUGH.

De gouttes de quoi?

BOULE-DE-GOMME.

De ça!... la petite fiole qu'on remue... (Il tire une bouteille de sa botte.)

MALBROUGH.

Qu'est-ce que c'est?...

BOULE-DE-GOMME.

Ah çà, voyons!... Galaor... pourquoi fais-tu la bête?

MALBROUGH.

Ah! mais!...

BOULE-DE-GOMME.

J'insiste sur cette épithète!...

MALBROUGH.

Faites donc, faites donc!

BOULE-DE-GOMME.

Tu sais bien que c'est le narcotique que tu m'as distillé toi-même!...

MALBROUGH.

Ah! bon! très-bien!... (A part.) Il paraît que je distille... (Haut.) Et ce narcotique... c'est pour...

BOULE-DE-GOMME.

Chut! c'est pour endormir quelqu'un!

MALBROUGH.

Je m'en doutais... Et pourrait-on sans indiscrétion... savoir le nom?...

BOULE-DE-GOMME.

Non... ne m'interroge pas... je préfère te gorger d'or... et ne rien te dire... (Il lui donne une bourse.) Tiens!... (A part.) Je le gorge...

MALBROUGH, prenant la bourse, à part.

Dois-je accepter?... (Il fourre l'argent dans sa poche.)

BOULE-DE-GOMME.

Seulement... quand tu m'as donné ce flacon hier, si précipitamment, tu as négligé de me dire combien de gouttes...

MALBROUGH.

C'est vrai!... je me rappelle... Eh bien... demain...

BOULE-DE-GOMME.

Non... j'en ai besoin pour ce soir!...

MALBROUGH.

Ce soir!...

BOULE-DE-GOMME.

Oui... car ce soir... je la verrai!...

MALBROUGH.

C'est une femme!...

BOULE-DE-GOMME.

Tais-toi!... voilà encore de l'or... je te gorge... (A part.) Je le gorge...

MALBROUGH, à part.

Il est canaille, mais il gorge bien... (Haut.) Ah! oui, vous demandez combien de gouttes... voyons!... (Il semble réfléchir.) Il s'agit d'endormir une femme? Causerez-vous avec elle?

BOULE-DE-GOMME.

Non... (Avec fatuité.)

MALBROUGH.

Alors, il en faudra un peu plus... (A part.) Je ne sais que lui dire... (Haut.) Voyons... versez-en... tenez... une douzaine de gouttes, et la treizième par-dessus le marché...

BOULE-DE-GOMME.

Bien!... Merci!... et surtout, silence!... (Il lui donne un très-gros sac... A part.) Je le gorge...

BOULE-DE-GOMME et MALBROUGH.

DUETTO.

Charme unique,
Ce spécifique
Me promet une heure angélique!
Du mystère,
En cette affaire
Cela me paraît nécessaire...

(Boule-de-Gomme sort.)

SCÈNE V

MALBROUGH, puis BOUTON-D'OR.

MALBROUGH, seul.

Ah ! il va bien, Galaor... c'est un joli ménestrel !... Il a embobiné Bobinette. et il distille des drogues pour le compte de Boule-de-Gomme... (Réfléchissant.) Une femme !... Laquelle ? Il n'y en a que deux de passables ici... Bobinette et madame Malbrough... Faudra voir !... faudra voir !...

BOUTON-D'OR, de droite.

Eh ! Galaor... (Il le bouscule en lui secouant le bras.) Il est parti... Elle va venir... Allons, v'lan !

MALBROUGH, étonné.

Il est parti... Elle va venir... Allons, v'lan ! (A Bouton-d'Or.) Quoi, v'lan ! quoi, v'lan ! (Il l'imite.) Explique-toi plus clairement ?...

BOUTON-D'OR.

Il est parti... Elle va venir... Allons, v'lan !... C'est cependant bien limpide... Où as-tu donc la tête aujourd'hui ?... Tu sais bien que quand je suis seul avec madame Malbrough, tu fais comme ça cependant deux minutes... (Il recommence ses gestes.)

MALBROUGH.

Ah ! bien !

BOUTON-D'OR.

Alors madame de Malbrough ferme les yeux, puis les rouvre, et de revêche qu'elle est ordinairement avec moi... elle devient d'un gracieux, d'un gracieux... que c'est un miel...

MALBROUGH, à part.

Fichtre !... Juste ce que Galaor a fait quand j'ai enlevé Joséphine pour l'épouser.

BOUTON-D'OR.

Eh bien... qu'est-ce que tu marmottes là ?

MALBROUGH, inquiet.

Ah ! le gredin ! (Haut.) Dis-moi, Bouton-d'Or, quand madame Malbrough est si gracieuse avec toi, que c'en est un miel, j'espère bien que tu n'oublies pas la distance.

BOUTON-D'OR.

Je peux te dire ça... à toi, parce que tu es un ami...

MALBROUGH, à part.

Il a oublié la distance.

BOUTON-D'OR.

Eh bien ! jusqu'à présent... je n'ai pas osé...

MALBROUGH, à part.

Ah ! je respire !

BOUTON-D'OR.

Seulement, le mari est parti... Elle va venir ! Allons, v'lan !... (Il le pousse.)

MALBROUGH, tâtant son nez.

Il a manqué faire tomber mon incognito...

BOUTON-D'OR.

A présent, sois tranquille, j'oserai !...

MALBROUGH, à part.

Si je l'étranglais...

BOUTON-D'OR.

Oh !... c'est elle !... (Faisant les gestes.) A l'ouvrage !... (Malbrough lui saute à la gorge... Bouton-d'Or croit qu'il veut le magnétiser.) Mais non, pas moi... elle !...

MALBROUGH.

Oui, tout à l'heure !...

SCÈNE VI

LES MÊMES, MADAME MALBROUGH.

MADAME MALBROUGH.

Eh bien !... Galaor... vous savez que j'ai à vous parler... et il faut que je vienne moi-même...

MALBROUGH.

Excusez-moi, noble dame... mais je causais avec Bouton-d'Or.

MADAME MALBROUGH.

La belle excuse ! Me faire attendre... pour ce page que je ne puis pas souffrir...

Bien... bien... humilie-moi, nous verrons tout à l'heure...

MADAME MALBROUGH.

Que cela ne vous arrive plus... et vous... furth !... furth !...

BOUTON-D'OR.

Noble dame !... (Il salue et s'éloigne un peu, tout en haut, au fond du théâtre.)

MADAME MALBROUGH.

Mon ami... vous savez ce que vous avez fait pour moi lors de la dernière absence de mon mari ?

MALBROUGH.

Certainement (A part.) Qu'est-ce qu'il aura encore fait, ce chenapan de Galaor ?

MADAME MALBROUGH, mystérieusement.

Lors de sa dernière campagne, mon mari m'avait ordonné... vous savez...

MALBROUGH.

Ah! oui... oui... son verre de pendule !

MADAME MALBROUGH.

Il a cru que je l'avais bombé... Je vous demande un peu... J'avais bien d'autres choses à souffler... Vous m'en ferez venir un de la rue du Pont-aux-Biches, rue Volta depuis les démolitions... comme la dernière fois...

MALBROUGH, à part.

Elle ne bombait pas !... Oh ! mes illusions !...

MADAME MALBROUGH.

Mais hâtez-vous !... car M. Malbrough livre bataille ce soir, et il est possible que le ciel le rende bientôt à mes vœux...

BOUTON-D'OR, qui s'est avancé, et bas à Malbrough.

Eh bien, tu la laisses partir ? Va donc ! (Il fait le geste.)

MALBROUGH.

Madame...

MADAME MALBROUGH, vivement.

Qu'est-ce encore ?

MALBROUGH.

C'est votre page qui désirerait...

MADAME MALBROUGH.

Quoi ?... Que me veut-il, cet imbécile-là ?

MALBROUGH, à part.

Refuser, c'était me trahir...

MADAME MALBROUGH.

Voyons, parlez?... (Elle se retourne du côté de Bouton-d'Or, de façon que Malbrough se trouve derrière elle.)

BOUTON-D'OR.

Madame, heu! heu!

MADAME MALBROUGH.

Heu! heu!

MALBROUGH, à part.

Si j'essayais, il est évident que ça ne lui fera rien du tout! (Il fait des passes.)

MADAME MALBROUGH.

Eh bien?

BOUTON-D'OR.

Mon Dieu!... noble dame!... voilà ce que c'est!... Il faut vous dire, car vous n'ignorez pas... (Pendant ce qui précède, Malbrough a toujours continué ses gestes; madame Malbrough porte la main à sa tête et s'écrie:)

MADAME MALBROUGH.

Qu'est-ce que j'ai donc?... Oui... des bluettes... les yeux... ça papillotte!...

MALBROUGH.

Ciel!... on dirait que j'opère lui-même!

BOUTON-D'OR.

Continue, continue!

MADAME MALBROUGH.

Oh! oh! oh!... (Elle va se jeter au cou de Bouton-d'Or.) Oh! mon petit page, mon charmant Bouton-d'Or, qu'il est mignon!...

MALBROUGH.

Madame...

BOUTON-D'OR.

Laisse-nous tranquille, et va-t-en?

MALBROUGH.

M'en aller?

MADAME MALBROUGH.

Mon amour!...

BOUTON-D'OR.

Galaor, voyons, tu nous gênes...

MADAME MALBROUGH.

Oui, tu nous gênes, va-t'en...

MALBROUG.

C'est bon, on s'en va !... Ah ! (Avisant le pot de fleurs, il se cache derrière.)

BOUTON-D'OR.

Enfin !

MADAME MALBROUGH.

Enfin !

TRIO.

BOUTON-D'OR, à genoux.

Cette main que je presse...

MADAME MALBROUGH.

Cette main que je presse...

MALBROUGH, caché.

Cette main qu'elle presse...

BOUTON-D'OR.

Met mon cœur en émoi...

MADAME MALBROUGH.

Tient mon cœur en effroi...

MADAME MALBROUGH.

Pour ma tendresse.
Je crains la faiblesse,
Oui, la faiblesse !

BOUTON-D'OR.

De l'amour (bis.) que la flamme
Vienne embraser l'âme
De ma trop chaste dame !

MADAME MALBROUGH.

Mon cœur t'appartient pour la vie !

BOUTON-D'OR.

A toi, mon cœur, idole chérie !

REPRISE DU TRIO.

Cette main que je presse...
Etc.

MADAME MALBROUGH.

Bouton-d'Or, mon beau page,

Acceptez ce collier.

(Elle lui met son écharpe au cou.)

De l'amour c'est le gage,
Soyez (bis.) mon tendre chevalier.

MALBROUGH.

Fichtre, il est temps que ce duo,
Grâce à moi, se change en trio.

(A ce moment, il passe ses bras à travers le feuillage et semble retirer les passes magnétiques de madame Malbrough.)

BOUTON-D'OR, à genoux.

Bouton-d'Or, votre page,
A vos genoux attend
Qu'un baiser soit le gage...

MADAME MALBROUGH, amoureusement.

Tu veux un gage?
Un bien doux gage ?

(Tout à coup elle se réveille.)

V'lan !

(Elle lui donne un soufflet.)

BOUTON-D'OR, se tâtant la joue.

C'est une giffle,
J'en suis certain !

MADAME MALBROUGH.

C'est une giffle,
Et de ma main !

MALBROUGH et BOUTON-D'OR.

Oui, de sa main !

MADAME MALBROUGH et MALBROUGH.

Ah ! ah ! ah ! ah !

BOUTON-D'OR.

On me persiffle !
C'est une giffle !
J'en suis certain !

MALBROUGH.

C'est une giffle !
J'en suis certain !

MADAME MALBROUGH.

C'est une giffle,
Et de ma main !

MADAME MALBROUGH.

Mon collier, imbécile, et sortez...

BOUTON-D'OR.

Ordinairement ça dure plus longtemps que ça... il y aura eu mal-donne ! (Il sort.)

MADAME MALBROUGH.

A-t-on jamais vu pareille audace !... Galaor, dites à mes gens de me servir à souper.

MALBROUGH.

Oui, madame...

MADAME MALBROUGH.

Ah ! faites mettre deux couverts.

MALBROUGH.

Madame ne soupe pas seule...

MADAME MALBROUGH

Non... si... si... mais cette scène m'a si vivement creusée que je mangerai pour deux... Allez ! (Malbrough sort.)

MADAME MALBROUGH.

Suis-je assez adroite !... Je passe ma vie à sauver les apparences... (Cinq Pages entrent avec une table toute servie, sur une marche musicale et en cérémonie...)

MALBROUGH.

Madame ne désire plus rien ?...

MADAME MALBROUGH.

Non... qu'on me laisse... Ah !... l'air du soir est un peu vif ! baissez ces tapisseries... (Les tapisseries s'abaissent.) Bien !... sortez ! (Tout le monde sort.)

SCÈNE VII

MADAME MALBROUGH, puis BOULE-DE-GOMME.

MADAME MALBROUGH.

L'heure approche... Boule-de-Gomme va venir! Oh! j'ai eu tort peut-être!... (Écoutant.) J'entends son pas! c'est lui!

BOULE-DE-GOMME, entrant, à part.

C'est elle!... elle est seule, libre, osons!... (Il s'avance.) Madame caché dans un massif de rhodendrons champêtres, *Rhododendronus sylvestris* en latin... j'ai vu tous vos gens se retirer, et je suis accouru... et quand je cours... j'ai chaud, et quand j'ai chaud... j'ai soif... et quand j'ai soif, je bois... et quand je bois, je n'ai plus soif... C'est comme quand je mange, ça m'ôte l'appétit... (A part.) Cette bouteille nous invite, je vais brusquer les choses!...

MADAME MALBROUGH.

Vous le voulez, monseigneur, à table!... (Au moment de se mettre à table, entre Malbrough.)

SCÈNE VIII

LES MÊMES, MALBROUGH.

MALBROUGH.

Voilà, voilà... madame m'a appelé?

MADAME MALBROUGH.

Mais, non... mais, non...

MALBROUGH.

Excusez-moi... j'avais cru...

MADAME MALBROUGH.

Allez!...

MALBROUGH.

Je me retire, voilà, voilà!... (Fausse sortie.)

BOULE-DE-GOMME.

Ce repas ferait envie aux dieux les plus omnipotents et les plus opiniâtres...

MALBROUGH, revenant.

Ah! dites-moi...

MADAME MALBROUGH.

Encore vous!

MALBROUGH.

Noble dame, il me vient un scrupule...

BOULE-DE-GOMME.

Galaor!... vous êtes insupportable... A cette heure-ci, les scrupules devraient être couchés, et vous aussi...

MALBROUGH.

Permettez, monseigneur, mais je ne dois compte de mes actes qu'à ma noble maîtresse.

MADAME MALBROUGH.

Je ne vous en demande pas...

MALBROUGH.

Il est de mon devoir, comme barde ordinaire de M. de Malbrough... de lui chanter tous les matins un lai .. et à l'heure du souper un virelai... On soupe! c'est le moment du virelai... Vous sierait-il?...

MADAME MALBROUGH.

Il ne me sied rien du tout...

BOULE-DE-GOMME.

C'est vous qui nous sciez!... Allez-vous-en!

MALBROUGH.

C'est bien!... mais c'est le moment du virelai!...

MADAME MALBROUGH.

Trop familier avec les bardes. (Jargon anglais pendant lequel Malbrough sort par le fond en soulevant la tapisserie.)

SCÈNE IX

MADAME MALBROUGH, BOULE-DE-GOMME.

MADAME MALBROUGH.

Enfin!...

BOULE-DE-GOMME.

Enfin!... Seyez-vous, mon doux bien, mon beau rêve... (Il la conduit à un siége à droite de la table. Elle s'y assied.)

MADAME MALBROUGH.

Et vous, à cette place en face de la mienne... (Elle prend une bouteille.) Désirez-vous de ce nectar ?

BOULE-DE-GOMME.

Quel est ce vin?

MADAME MALBROUGH,

Du vin de Constance... Prosper! Le serez-vous?...

BOULE-DE-GOMME.

Constant toujours, Prosper peut-être... (A part.) Je crois que c'est le moment des douze gouttes... (Il tire la fiole de sa poche. — Haut.) Votre verre?

MADAME MALBROUGH, tendant son verre.

Voici!...

BOULE-DE-GOMME.

Ah! le beau papillon! (Il désigne la paroi derrière madame Malbrough.)

MADAME MALBROUGH, se retournant.

Où ça?...

BOULE DE-GOMME.

Comme c'est adroit! (Au moment où il va verser la fiole dans le verre de madame Malbrough, on entend au dehors une détonation.)

MADAME MALBROUGH.

Mon Dieu!

BOULE-DE-GOMME.

Qu'y a-t-il? (Ils courent tous deux vers le fond, lèvent la tapisserie et vont voir ce qui se passe. Pendant ce temps, Malbrough est entré derrière l'autre pan de tapisserie, et arrive en scène.)

SCÈNE X

LES MÊMES, MALBROUGH.

MALBROUGH, à part et précipitamment. Il a son pistolet en main.

C'est moi qui ai fait ce bruit pour masquer ma rentrée... je crois qu'il était temps!... Où me mettre?... Ah! (Il se cache sous la table.)

BOULE-DE-GOMME.

Ce n'était rien, noble dame... quelque sentinelle qui aura fait feu sur un manant...

MADAME MALBROUGH.

Où un caporal qui aura éternué, le temps est si humide... C'est égal... je suis inquiète .. Voulez-vous me permettre de m'assurer par moi-même que personne ici?... Attendez-moi... je ne serai qu'une seconde...

BOULE-DE-GOMME.

Ah! ne tardez pas... je vous en supplie...

MADAME MALBROUGH.

Rien qu'une seconde...

BOULE-DE-GOMME.

Joséphine, je t'aime tant, enfant...

MADAME MALBROUGH.

Oh! ma mère!... (Elle sort.)

SCÈNE XI

MALBROUGH, caché, BOULE-DE-GOMME.

BOULE-DE-GOMME.

Cette sortie me va parfaitement, au contraire!... voyons... (Il va à la table.) Voici sa place... voici la mienne... Là, son verre... là le mien... Tenez, messieurs ..

MALBROUGH.

Est-ce qu'il prestidigite?...

BOULE-DE-GOMME. Il verse douze gouttes dans le verre de madame Malbrough.

Une, deux, trois, quatre, cinq, six, sept, huit, neuf, dix, onze, douze, treize... *wery gouttes*! nous sommes en Angleterre... Elle sera mariée cette année... (Apercevant madame Malbrough.) Je crois que je vais joliment m'amuser!

SCÈNE XII

LES MÊMES, MADAME MALBROUGH.

MADAME MALBROUGH, revenant.

Vous avez raison, mylord; tout est tranquille dans le château...

BOULE-DE-GOMME.

Tout... excepté mon cœur... qui bat... Tenez... (Il lui met

la main sur son cœur.) Un moulin ferait joliment ses affaires, dans cet endroit-là... (Malbrough fait tourner la table sur son dos de façon à échanger les places et les verres.)

MADAME MALBROUGH.

Le fait est que ce n'est pas un cœur... c'est un briquet!... Ça, voyons!... mylord! me ferez-vous raison!...

BOULE-DE-GOMME.

Volontiers... (Ils se dirigent vers la table et s'asseyent.) Votre verre... (Il verse dans les deux verres.) Vous êtes servie!... (Il boit la moitié de son verre.)

MADAME MALBROUGH.

Attendez! Il me vient une idée... (Elle prend son verre.)

BOULE-DE-GOMME.

Laquelle?

MADAME MALBROUGH, tenant son verre en main et sur le devant du théâtre.

I

J'ai ouï dire à ma grand-mère,
D'après un us assez vieux,
Qu'il faut échanger son verre
Alors que l'on boit à deux!
Cette pratique sensée
Quand l'amour est en commun
Fait qu'on unit sa pensée
Les deux verres n'en font qu'un!
Allons,
Voyons, (bis.)
Si cela peut vous plaire;
Allons, voyons
Changeons de verre!

BOULE-DE-GOMME, à part.

Merci bien!... ça ne ferait pas mon compte... J'ai une autre idée!...

MADAME MALBROUGH.

Laquelle?

BOULE-DE-GOMME.

II

J'ai ouï dire à mon grand-père
Que jadis les amoureux
Buvaient dans le même verre :
Un seul verre... au lieu de deux!
Cette pratique sensée
Mettait l'amour en commun
On unissait la pensée
De chacune et de chacun!
Allons,
Voyons, } (bis.)
Si cela peut vous plaire;
Allons, voyons,
Prenez mon verre!

MADAME MALBROUGH.

Volontiers (Elle tend son verre.)

BOULE-DE-GOMME.

Buvez d'abord... (Madame Malbrough boit et tend son verre à Boule qui le prend et en jette le contenu.)

MADAME MALBROUGH.

Ah! c'est extraordinaire.

BOULE-DE-GOMME.

Je vais joliment m'amuser.

MADAME MALBROUGH.

Il me semble que je m'endors; pourvu que je n'aille pas ronfler... (Ils tombent tous deux sur leur fauteuil.)

MALBROUGH, sortant sa tête de dessous la table.

Voilà, Messieurs, c'est moi qui ai fait le tour... Tiens, j'ai fait coup double... Ah ! madame Malbrough d'abord... qu'elle rentre dans son appartement. (Il la pousse du fauteuil dans la chambre à droite.) Là! A l'autre maintenant!... Diable! un homme endormi chez moi... Sauvons l'honneur du pavillon. (Il appelle.) Eh! Bouton-d'Or...

SCÈNE XIII

MALBROUGH, BOUTON-D'OR.

BOUTON-D'OR.

Voilà, voilà... Ah!... Qu'est-ce que tu veux, toi?

MALBROUGH.

Tais-toi!... Lord Boule-de-Gomme et moi... nous avons bu ensemble... il a fait comme le sapeur de nos vieilles légendes... il a liché toute la bouteille...

BOUTON-D'OR.

Ah! il a un rude jeune homme, le Boule-de-Gomme! (Il sort emportant Boule-de-Gomme.)

SCÈNE XIV

MALBROUGH, seul, il s'essuie le front.

Ouf! je crois que, pour aujourd'hui, mon honneur intérieur ne court plus aucun danger! Nonobstant, je m'établis ici, à la porte conjugale!... (Neuf heures sonnent.) Ah! sapristi, et Bobinette qui m'attend sous les néfliers! Faut-il aller cueillir des nèfles... Ah!... si c'est pile, j'y vais... si c'est face, je reste là... (Il prend une pièce de monnaie qu'il jette en l'air.) Face!... Ah! bah! tant pis, j'y vais tout de même. (Il sort.)

ACTE TROISIÈME

Le théâtre représente une salle du palais de l'archiduc. Fête brillante. Éclairage splendide. Au lever du rideau, on danse une quadrille sur le chœur chanté. Le quadrille est dansé par les choristes.

SCÈNE PREMIÈRE

MADAME MALBROUGH, BOUTON-D'OR, BOULE-DE-GOMME, MALBROUGH, SEIGNEURS et DAMES.

CHŒUR.

A cette fête brillante,
Enivrante,
Dont l'éclat sait nous éblouir,
Nous apportons gai sourire
Et franc rire,
Car le mot d'ordre est plaisir.

(Après le quadrille, la musique continue jusqu'à la chaconne.)

MADAME MALBROUGH.

Ah ! que de fleurs, que de parfums ! ça embaume la pommade...

BOULE-DE-GOMME.

Non, c'est de la lavande... on en a mis partout... (A madame Malbrough.) Si madame voulait me faire l'honneur de danser avec moi le pas en vogue...

MADAME MALBROUGH.

Une chaconne... je ne sais si j'oserai.

BOULE-DE-GOMME.

Osez...

LES INVITÉS.

Oui.. oui... osez !...

MALBROUGH, à part.

Elle osera... (A Bouton-d'Or.) Est-ce que ça t'amuse, toi, cette fête?...

BOUTON-D'OR.

Moi... pas du tout... mais je suis près d'elle, je la vois...

BOULE-DE-GOMME.

Ah! vivat! madame de Malbrough consent à danser avec moi...

BOUTON-D'OR.

En place... en place... (Tous se rangent circulairement. Prélude. La chaconne s'exécute, dansée par madame Malbrough et Boule-de-Gomme.)

BOULE-DE-GOMME, pendant une passe, et s'adressant à mi-voix à madame Malbrough.

Que s'est-il passé, hier, à l'issue de notre charmant souper?..

MADAME MALBROUGH.

Je me suis retrouvée ce matin dans mes appartements...

BOULE-DE-GOMME.

C'est comme moi... (A part.) Et je ne me rappelle pas si j'ai été... convenable..

MADAME MALBROUGH, à part.

J'ignore encore si j'ai ronflé... (La danse finit aux applaudissement de tous.)

BOULE-DE-GOMME.

Voulez-vous que je vous mène boire?...

MADAME MALBROUGH.

Oui... je ne serais pas fâchée de me rafraîchir un peu... (Elle boit.)

BOULE-DE-GOMME.

Maintenant, messieurs et mes nobles dames... que la fête continue... C'est à présent au tour des divertissement de la scène...

MADAME MALBROUGH.

De la Seine? Ah! vous voulez parler des jeux de Thalie...

BOULE-DE-GOMME.

J'ai fait venir quelques baladins de Covent-Garden et de

Drury-Lane, pour nous jouer les *Sept filles de Pandolphe*, l'opéra bouffe à la mode ! Bœuf à la mode, je dis bien...

(On apporte des banquettes et les personnages s'asseyent des deux cotés du théâtre, de la façon à laisser la scène libre.)

Après quelques secondes d'ouverture, le capitan Matamore entre en scène.)

SCÈNE PREMIÈRE

MATAMORE, l'air bravache, l'épée au poing.

Par la mort-Dieu ! si je le tenais... j'en jure par cette épée qui me vient de mes ancêtres... le seigneur Pantalon fils passerait un douloureux moment !...

AIR.

Je suis le Matamore,
Capitan
Et traitant
Souvent de Turc à More,
Ennemis
Insoumis.
Qu'ils craignent mon épée,
Ces lurons
Fanfaron ;
Ils auront leur trempée,
Sans souci
Ni merci !
Hantant chaque ruelle
En soudard,
En pendard ;
Il n'est point de cruelle
Pour mon cœur,
Fier vainqueur !
J'extermine, je frappe
Villageois
Et bourgeois,
Et bien souvent j'attrape
Le marchand

Me trichant
En amour comme en guerre
Je soumets
Toujours... mais
Sans m'inquiéter guère
Des maris } *bis.*
Et des cris.

REPRISE.

Je suis le Matamore...
Etc. etc.

(Parlé, criant à la cantonade.) Sbrigani !...

SBRIGANI, entrant.

Me voilà, monsieur...

MATAMORE.

Tu n'ignores pas, mon fidèle valet, que je suis amoureux des sept filles du docteur Pandolphe... malheureusement, j'ai un rival, le nommé Pantalon...

SBRIGANI.

Je connais ce vêtement, monsieur...

MATAMORE.

C'est aujourd'hui qu'il arrive pour épouser une des sept filles... Et je veux me débarrasser de lui...

SBRIGANI.

Tuez-le !

MATAMORE.

J'y avais bien pensé... Mais souiller cette noble épée que je tiens de mes ancêtres et qui ne s'est jamais teinte que de sang illustre... Allons donc !... Quand je dégaîne, c'est pour de nobles adversaires, mais pour des croquants comme Pantalon... je rengaîne... Aussi, tu vas te rendre place San-Luca.

SBRIGANI.

Oui, monsieur...

MATAMORE.

Tu trouveras sous l'auvent de la première boutique à gauche, un homme enveloppé d'un long manteau... cet homme s'appelle Spalatro-Spalatri... c'est un bravo !...

SBRIGANI.

Très-bien.

MATAMORE.

Tu l'amèneras... ici... dans une demi-heure...

SBRIGANI.

J'y vais!...

MATAMORE.

Ah! j'oubliais... Tu auras soin de bander les yeux à Spalatro-Spalatri... pour qu'il ne puisse voir ni l'endroit où tu le conduis... ni les traits de mon visage... C'est dit, va!...

SBRIGANI.

Je pars...

MATAMORE.

Maintenant, pour attardés mes loisirs, allons aiguiser ma rapière sur l'omoplate attardés des bourgeois. (Il sort en chantant et brandissant son épée.)

SCÈNE II

PANDOPHE suivi de ses sept filles, CINTHIA, ANGÉLIQUE, COLOMBINE, ISABELLE, MARIANNE, FLIPOTTE, INÈS.

PANDOLPHE, arrivant, comptant ses pas ; les filles l'emboitant.

Une, deux, trois, une enjambée pour chacune de mes filles, c'est la mesure; nous disons quatre, cinq, six, sept... Halte! front! alignement!... très-bien!... Mes filles, vous pouvez parler...

CINTHIA.

Mon papa...

ISABELLE.

Je vais vous dire...

AGNÈS.

J'ai réfléchi...

FLIPOTTE.

Je ne veux pas...

MARIANNE.

Je désire...

COLOMBINE.

J'entends...

ANGÉLIQUE.

Je prétends...

PANDOLPHE, imitant le cri des vitriers.

Brrr !... (Toutes se taisent.) Comme c'est dressé !... Quand je vous dis : Mes filles vous pouvez parler, c'est l'une après l'autre...

CINTHIA.

Je commence...

ANGÉLIQUE.

Non, moi...

MARIANNE.

C'est moi !...

LES AUTRES.

Moi, moi, moi, moi !...

PANDOLPHE, même jeu.

Brrr !... (Toutes se taisent.) Quel ensemble... J'ai réfléchi... Je vais parler pour vous... mes chères poulettes. Uniquement occupé de votre bonheur, j'ai résolu de vous marier... et celui que j'ai choisi, c'est le fils Pantalon.

ANGÉLIQUE, avec dépit.

Oh ! le fils Pantalon...

ISABELLE.

Il est laid...

CINTHIA.

Stupide...

MARIANNE.

Désagréable !

COLOMBINE.

Grotesque !

INÈS.

Avare !

FLIPOTTE.

Sournois, cagneux...

COLOMBINE.

Et si c'est cet époux-là que vous voulez nous donner...

ANGÉLIQUE.

Fallait pas vous déranger pour ça !

CHANT.

COLOMBINE.

Quant à moi sans plus de tracas,
Je n'en veux pas.

TOUTES.

Je n'en veux pas !

PANDOLPHE.

Ah ! voilà bien une autre affaire.
Voulez-vous (bis) vous taire !

INÈS.

Être madame Pantalon,
Voilà-t-il pas un joli nom.

PANDOLPHE.

A se décider qu'on soit prompte.

TOUTES.

Non, non, non, nous n'en voulons pas !

PANDOLPHE.

N'ai-je point assez d'embarras,
Sans qu'on me laisse encor ce prétendu pour compte?

TOUTES.

Non, non, non, nous n'en voulons pas !

COUPLETS.

COLOMBINE.

Moi je veux que mon prétendu
Soit dodu,
Et le fils Pantalon est maigre.
Aussi puis-je dire aujourd'hui
Qu'avec lui,
La vie, hélas ! serait bien aigre... (bis.)
Je vous en prie, ô mon papa,
Ne m'offrez pas ce mari-là ? } (bis.)

TOUTES.

Je vous en prie. ô mon papa,
Ne m'offrez pas ce mari-là !

COLOMBINE.

Oui, je crains que ce pauvre époux,
Entre nous,
Ne soit un assez triste sire !
Il me faut un cœur plein d'ardeur,
Et j'ai peur
Que le sien, n'aie rien à me dire. (bis.)
Je vous en prie, ô mon papa,
Ne m'offrez pas ce mari-là ! } (bis.)

TOUTES.

Je vous en prie, ô mon papa,
Ne m'offrez pas ce mari-là !

PANDOLPHE.

C'est trop d'insolence,
Mes filles, je pense,
Me feront mourir !
On va, je l'espère,
Et sans plus d'affaire,
Bientôt m'obéir !

ENSEMBLE.

PANDOLPHE.

C'est trop d'insolence,
Mes filles. je pense,
Me feront mourir !

BOUTON-D'OR, à part.

On va je l'espère.
Et sans plus d'affaire.
Bientôt m'obéir...

LES FILLES.

C'est de la démence,
Ce plan-là, je pense,
Ne peut réussir.

Et notre bon père.
Saura, je l'espère.
Se laisser fléchir !

PANDOLPHE.

Ah! mesdemoiselles mes filles, vous vous révoltez... C'est ce que nous verrons !... Eh! morbleu... mais tenez... le voici qui vient... Et vous allez, je vous prie...

COLOMBINE, s'inclinant.

Lui répéter, à lui, ce que nous venons de vous dire, à vous !

PANDOLPHE, à part.

Elles ont de la tête, mes filles !

SCÈNE III

LES PRÉCÉDENTS, PANTALON, une fleur à la main.

PANTALON, s'avançant.

AIR :

La fleur que je tiens à la main
Vient d'une bouquetière,
A qui je sors de l'acheter.
Pour vous en faire hommage !
Si vous refusez cette fleur,
Quelle douleur sera la mienne !
J'en serai pour mes trente sols,
Croyez-vous qu'ça m'amuse !...

(Il va de l'une à l'autre offrir son bouquet, chacune d'elle lui tourne le dos au fur et à mesure qu'il offre sa fleur.) Eh bien, mais dites-moi donc, docteur... Vos filles sont rudement mal élevées...

PANDOLPHE.

Croyez-vous ?

PANTALON.

Dame ! vous m'écrivez...

COLOMBINE, haut à Pantalon.

Pardon... si je vous interromps, mais... je crois que papa vous a écrit des bêtises, et il me semble que, pour choisir entre nous, le mieux serait de se fier au hasard.

PANTALON.

Dame! moi, je veux bien!

COLOMBINE.

Vous ne nous connaissez pas?...

MARIANNE.

Vous ne nous avez jamais vues?

INÈS.

Vous nous parlez pour la première fois...

COLOMBINE.

Donc, vous n'avez de préférence pour aucune de nous...

PANTALON.

Ma foi, non!...

COLOMBINE.

Eh bien... le sort va décider, nous allons vous jouer à Collin-Maillard.

TOUTES.

Oui, oui, au Colin-Maillard...

LE DOCTEUR.

Mes enfants, débarbouillez-vous, j'ai un malade qui est au plus mal depuis trois ans, je vais voir à quel point il en est (Il sort.)

PANTALON.

Maintenant, commençons vite...

COLOMBINE.

Approchez!... (Elle lui met son mouchoir.)

PANTALON.

Oh! c'est trop fort!...

COLOMBINE.

Là... maintenant.

CHANT.

COLOMBINE.

Combien de doigts?

PANTALON.

Point je n'en vois.

MARIANNE.

Répondez donc... Combien de doigts?

INÈS.

Combien de doigts!

TOUTES.

Combien de doigts?

PANTALON.

J'en vois dix... J'en vois trois?

ISABELLE.

Du tout, c'est de la tricherie.
Tournez-vous un peu, je vous prie,
Qu'on remette votre bandeau.

PANTALON.

Vous me serrez trop fort... Oh! oh!

FLIPOTTE.

Allons, il n'y voit rien, je pense.

MARIANNE.

Répondez-nous en conscience.

ENSEMBLE.

Combien de doigts? (*quater.*)

PANTALON.

Point je n'en vois!

ISABELLE.

C'est bien, maintenant plaçons-nous;
Mesdemoiselles... garde à vous!

COLOMBINE.

Celle-là qui sera pincée
Sera la fiancée.

PANTALON.

Oui, c'est cela!
Voilà, voilà!
La première pincée
Sera ma fiancée.

TOUTES.

Éloignons-nous,
Il ne sera pas notre époux!
Éloignons-nous.

PANTALON.

Hein!

ISABELLE.

Rien! nous crions: Casse-cou!
Éloignons-nous.

TOUTES.

Éloignons-nous.. coucou, cou

(Les sept filles s'éloignent, et laissent seul en scène, Pantalon les yeux bandés et cherchant à attraper quelqu'un.)

PANTALON, seul.

Quand il y aura une pierre, vous me crierez casse-cou... (Il continue.)

SCÈNE IV

PANTALON, puis MATAMORE.

MATAMORE, entrant.

L'heure approche... et... Ah! voici mon homme... (Se rapprochant de Pantalon.) Eh! l'ami !...

PANTALON.

Ah ! j'en tiens une !... (Il fait mine d'ôter son mouchoir.)

MATAMORE.

Mon fidèle valet a dû te mettre au fait. Tu sais que tu as à escoffier le nommé Pantalon fils.

PANTALON.

Ah ! mon Dieu !

MATAMORE.

Il faut que j'en sois débarrassé dans un instant...

PANTALON, ôtant son mouchoir et apercevant Matamore.

Un homme ! au secours ! au secours !

SCÈNE V

LES MÊMES, LE DOCTEUR et SES SEPT FILLES, suivi de valets portant des torches allumées.

CHŒUR.

Quel est ce bruit à pareille heure !

(Ils sont à ce passage, quand Bobinette arrive portant une lettre à la main, et demande madame Malbrough.)

BOULE-DE-GOMME.

Qu'est-ce qu'il y a?.. qu'est-ce qu'il y a? que veut ce laquais?...

BOUTON-D'OR.

Mais ça n'est pas dans la pièce !...

BOBINETTE.

Madame de Malbrough, S. V. P.?

BOULE-DE-GOMME.

La première belle femme à droite.

(Madame Malbrough prend la lettre et l'ouvre. Les acteurs qui jouent la comédie, restent dans le fond en plan.)

MADAME MALBROUGH, à part.

Ah! mon Dieu!... quelle nouvelle! Mort!... Monsieur de Malbrough est mort! Que faire! interrompre cette fête pour laquelle Boule-de-Gomme a cassé toutes ses tirelires... Oh! ce serait d'une inconvenance... (Elle serre la lettre dans son corsage. Haut.) Continuez donc, je vous en prie...

MALBROUGH à part.

Qu'est-ce que c'est que cette lettre ?

BOULE-DE-GOMME.

Rien de grave, n'est-ce pas?

MADAME MALBROUGH.

Une lettre de ma fruitière qui m'annonce que cette année toutes les poires sont blètes...

BOULE-DE-GOMME.

Nous en ferons des confitures. Alors que la fête continue! Reprenez au moment du chœur... vous savez...

Quel est ce bruit à pareille heure!

(Les acteurs se remettent en position.)

CHŒUR dans la pièce.

Quel est ce bruit à pareille heure!

(Pendant cette reprise de la pièce, Malbrough s'est tout doucement approché de sa femme et lui a pris la lettre qu'elle avait serrée dans son corsage, sans qu'elle s'en aperçoive. Il l'ouvre dans un coin, la parcourt vivement et pousse un cri terrible. La pièce s'arrête de nouveau.)

FINAL.

MALBROUGH, à part.

A peine je respire,
Je n'y puis croire encor,
Que viens-je, hélas ! de lire
Monsieur d'Malbrough est mort.
Je suis mort ! (*bis.*)

(Il tombe affaissé sur la banquette.)

BOULE-DE-GOMME.

Ah! cette lettre ! Est-il possible!

TOUS.

Quoi donc? quoi donc?

BOULE DE GOMME.

Quelle perte terrible!
Monsieur d'Malbrough est mort!

TOUS.

Monsieur d'Malbroug est mort!

MADAME MALBROUGH.

Oui, j'avais lu cette lettre secrète
Et je ne voulais pas interrompre la fête.
Mais maintenant il est moral
Que je m'évanouisse ! Ah! je me trouve mal !

(Elle tombe évanouie sur un fauteuil à côté de son mari.)

CHOEUR.

Quelle nouvelle épouvantable
Et quel terrible coup du sort !

MADAME MALBROUGH, avec âme.

Il est mort !

BOULE-DE-GOMME et BOUTON-D'OR, gaiement.

Il est mort !

BOULE DE GOMME.

Dans ceci le plus déplorable
C'est qu'on ne peut vraiment servi mon petit lunch,
Et j'en suis pour mes frais de punch ! (*bis.*)
Messieurs, la fête est finie;
Séparons-nous, s'il vous plaît;
Excusez-moi, je vous prie,
Et quant à la comédie
Vous en aurez le livret
Complet !

TOUS.

D'un grand guerrier pleurons la perte,
C'est un deuil pour tout le pays
Jonchons, jonchons sa tombe ouverte
Des lauriers qu'il avait conquis. } *bis.*

MADAME MALBROUGH.

Maintenant qu'avec sentiment,
Nous avons authentiquement,
Pleurniché comme dans un drame...

BOULE-DE-GOMME

On peut bien se dire tous bas,
Mes amis, quel bon débarras
Ce vieux gêneur (*bis.*) a rendu l'âme.

MALBROUGH.

Voyons, ne nous attristons pas,
Supportons gaîment ce trépas.

MADAME MALBROUGH.

A quoi bon gémir sur son sort,
On n'peut pas fair' qu'il n'soit pas mort,
Il vaut mieux prendre allégrement,
Et gentiment
Ce fâcheux petit accident.

REPRISE DU CHOEUR.

D'un grand guerrier pleurons la perte,
Etc.

ACTE QUATRIÈME

La grande salle des ancêtres dans le palais de madame de Malbrough. — Au fond, à gauche, une grande table. — Au-dessus un grand portrait représentant M. de Malbrough.

SCÈNE PREMIÈRE

BOBINETTE, CINQ PAGES

(Au lever du rideau, Bobinette est à regarder par le trou de la serrure à gauche. — Les cinq pages ont l'air d'attendre pour savoir ce que va dire Bobinette.)

PREMIER PAGE.

Eh bien, Bobinette, toujours le même silence?

DEUXIÈME PAGE.

Toujours le même abattement?

BOBINETTE, se relevant et venant au milieu.

Toujours!... Depuis le soir où madame de Malbrough a appris la fatale nouvelle, elle est rentrée dans son appartement et n'en est plus sortie...

DEUXIÈME PAGE.

Elle s'est tout de noir habillée...

TROISIÈME PAGE.

Elle a défendu qu'aucun de ses pages pénétrât jusqu'à elle...

CINQUIÈME PAGE.

Et, depuis ce temps, elle ne se nourrit que de sa douleur!

BOBINETTE.

Mauvais régime!

COUPLETS.

I.

Jamais j' n'aurais cru que madame,
Pour le trépas de monseigneur,
Aurait dans le fond de son âme,
Ressenti si vive douleur.
Pour éprouver notre constance,
Les maris, à ce que je pense,
Font bien de quitter l'existence,
Car c'est quand on les a perdus
Qu'on les aime le plus!

II.

Dans son ménage on se dispute,
On se querelle à tout propos;
Enfin, après quinze ans de lutte,
Le mari meurt... pour son repos.
C'est alors que la femme pleure.
« Cher amour! dit-elle à toute heure,
» Pourquoi faut-il que je demeure? »
Car c'est quand on les a perdus
Qu'on les aime le plus!

DEUXIÈME PAGE.

Le fait est que pour un mari regretté...

TROISIÈME PAGE.

M. de Malbrough n'aura pas à se plaindre...

CINQUIÈME PAGE.

Le pauvre cher homme!...

BOBINETTE.

Il paraît qu'il s'est si vaillamment battu là-bas qu'on n'a même pas pu retrouver ses restes... (On entend dans la chambre gauche madame Malbrough appeler faiblement.)

QUATRIÈME PAGE.

Attendez... N'avez-vous pas entendu?...

PREMIER PAGE.

Mais oui...

DEUXIÈME PAGE.

On dirait que c'est sa voix...

MADAME MALBROUGH, du dehors.

Bobinette !... Mes pages !...

CINQUIÈME PAGE.

En effet... elle nous appelle!

BOBINETTE.

Pauvre femme! doit-elle être changée !

SCÈNE II

LES MÊMES, MADAME MALBROUGH. Elle est en robe rose et très-gaie.

MADAME MALBROUGH.

Bonjour, mes petits enfants... Ça va bien?...

BOBINETTE, à part.

Tiens!... elle n'est pas si changée que ça...

MADAME MALBROUGH, entrant.

Galaor n'est pas avec vous? Envoie-le-moi tout de suite... subito!... presto!... j'ai à lui parler... Ah! c'est lui, qu'on nous laisse...

BOBINETTE.

Bien, madame... (Elle sort avec les cinq pages.)

SCÈNE III

MADAME MALBROUGH, puis MALBROUGH.

MALBROUGH, entrant.

Enfin, noble dame, je puis vous exprimer la part que je prends à l'immense douleur... Tiens... vous avez mis une robe rose...

MADAME MALBROUGH.

Oui... le noir ne me va pas! Ah! cela me fait plaisir de vous voir... de te voir, Galaor... laisse-moi te tutoyer... voulez-vous?...

MALBROUGH.

Cet honneur...

MADAME MALBROUGH.

Ah! j'ai passé trois jours bien ennuyeux depuis que je ne t'ai vu, mon pauvre ami!...

MALBROUGH.

Naturellement... le chagrin...

MADAME MALBROUGH.

C'est cela! oui, j'ai préféré user en trois jours tout ce que j'avais de larmes à répandre! Il y a des femmes qui mettent un an ou deux à écouler leur provision de regrets... J'ai voulu, moi, m'en débarrasser tout de suite... et c'est fait...

MALBROUGH.

Ah! c'est fait!,..

MADAME MALBROUGH.

Oui... Et je veux que rien ne me rappelle plus mon pauvre Broug, Broug... Tu donneras des ordres pour qu'on enlève ce portrait, hein?...

MALBROUGH, à part.

Le mien!...

MADAME MALBROUGH.

Dis donc, Galaor, comme il est ressemblant, hein? Il est désagréable à voir!

MALBROUGH, à part.

Ah!

MADAME MALBROUGH.

Mais ne nous amusons pas à marivauder. Je t'ai fait demander, Galaor, pour t'entretenir de choses plus intéressantes que feu mon époux.

MALBROUGH, à part.

Elle est gentille pour moi...

MADAME MALBROUGH.

Depuis ces trois jours, tu le sais, Galaor, personne n'a pénétré jusqu'à moi... personne, excepté pourtant....

MALBROUGH.

Excepté...

MADAME MALBROUGH.

Excepté une dépêche portant ces mots: « Quand vous assez veuve, moi épouser vous... »

MALBROUGH.

C'est un nègre qui vous a écrit ça. Après ça, comme vous êtes en deuil...

MADAME MALBROUGH.

Mais non, mais non, c'est Prosper!

MALBROUGH, à part.

Lord Boule-de-Gomme...

MADAME MALBROUGH.

Faut-il te l'avouer, Galaor... sans les convenances, je dirais oui tout de suite... parce que... si tu savais, Galaor! Ah! c't être-là, il est si charmant!... Si tu le connaissais comme moi...

MALBROUGH, avec éclat.

Madame!... (Doucement.) Vous avez raison, il est charmant... Mais, en outre des convenances, il y a les délais légaux...

MADAME MALBROUGH.

Tu es bête, Galaor... puisque je suis Belge...

MALBROUGH.

C'est juste... et dans ce pays d'indépendance... belge... quarante-huit heures suffisent...

MADAME MALBROUGH.

Pourtant, j'hésite encore... bien que tout paraisse réuni dans cette union... tout, excepté la fortune... car, tu ne sais pas cela, Galaor... mon mari me laisse sans un radis; il a emporté toutes les valeurs qu'il avait à lui... et à moi!...

MALBROUGH, à part.

Parbleu!... elles étaient au porteur... et elles sont dans la poche du porteur!

MADAME MALBROUGH.

Ce que c'est qu'un mauvais placement... Et quant à mon oncle Tête-à-Giffles... lui aussi, il a, comme nous disons dans le faubourg Saint-Germain, tourné le dos à sa mangeoire...

MALBROUGH

Ah! le pauvre cher homme! Et a-t-il conservé sa connaissance jusqu'à la fin?...

MADAME MALBROUGH.

Je crois bien, qu'il l'a conservée... Il lui a laissé tout ce qu'il possédait... à sa connaissance...

MALBROUGH, à part.

C'est la danseuse qui hérite... je le savais...

MADAME MALBROUGH.

De sorte que la fortune de mon nouvel époux mettrait, comme on dit, un peu de baume dans mes épinards, et un peu de beurre dans... car il est très à son aise, le nommé Boule-de-Gomme, n'est-ce pas?...

MALBROUGH.

Oh!... très... très... très...

MADAME MALBROUGH.

Eh bien! va lui dire que j'accepte ses propositions...

MALBROUGH.

Ah! décidément, c'est moi... qui dois dire à Boule-de-Gomme...

MADAME MALBROUGH.

Oui... tu lui diras qu'aujourd'hui même le contrat sera signé...

MALBROUGH.

Mais cependant...

MADAME MALBROUGH.

Pas de réflexions!... Ah! à propos... Galaor... je te donnerai comme épingle, cinq pour cent sur la dot...

MALBROUGH.

Mais...

MADAME MALBROUGH

Ne fais pas le malin. (En sortant.) Six pour cent, le taux du commerce. (Elle rentre à gauche.)

SCÈNE IV

MALBROUGH, puis BOUTON-D'OR.

MALBROUGH.

Je suis sûr qu'on va me demander pourquoi je n'éclate pas... et pourquoi je garde toujours mon petit incognito... Ah! mon Dieu, c'est bien simple... jamais je n'ai été plus heureux, plus tranquille que depuis que je ne suis plus moi... Aussi me voilà décidé à rester riche, garçon, et libre, libre surtout. De plus, madame de Malbrough n'ayant plus à espérer aucun héritage, je ne vois pas trop pourquoi je refuserais de me choisir un remplaçant... Ah! si elle héritait... je ne dis pas qu'alors...

BOUTON-D'OR, entrant.

Ah! Galaor!... deux mots!...

MALBROUGH.

Quatre, mon cher Bouton-d'Or!

BOUTON-D'OR.

Voici la chose!... Tu sais de quelle passion je brûlais pour ma maîtresse... Tu le sais...

MALBROUGH.

Je le sais!... après!...

BOUTON D'OR.

Eh bien... je viens te charger d'avoir à lui annoncer qu'elle cherche un autre page... Je lui donne mes huit jours!..

MALBROUGH.

Nous quitter ?... la quitter? y penses-tu?

BOUTON-D'OR, ramenant.

Écoute, barde... je suis un drôle d'original... Ce qu'il me faut à moi, c'est la femme en puissance!... Ce que j'aime... c'est infernal à dire... c'est la propriété des autres... c'est le bien d'autrui... Ce qu'il me faut enfin, c'est l'obstacle... Et maintenant qu'elle n'est plus en puissance, n,i, ni...

MALBROUGH.

Rien ne va plus... Écoute...

BOUTON-D'OR.

Qu'est-ce que tu veux?...

MALBROUGH.

Ne t'en va pas encore, tu n'es peut-être pas tout à fait décavé!... Écoute et profite !

SCÈNE V

LER MÊMES, BOULE-DE-GOMME.

BOULE-DE-GOMME, entrant.

Ah!... Galaor, tu l'as vue!...

MALBROUGH.

Oui...

BOULE-DE-GOMME.

Je suis anxieux... Et ma dépêche?

MALBROUGH.

Elle accepte!...

BOULE-DE-GOMME.

O félicité!...

MALBROUGH.

Non... Elle s'appelle Joséphine...

BOULE-DE-GOMME.

Je le sais bien... mais je dis... O félicité suprême !...

MALBROUGH.

C'est juste! Vous ne pourriez pas dire. O Joséphine suprême !...

BOULE-DE-GOMME.

Dis-moi... à quand la noce?...

BOUTON-D'OR, bas à Malbrough.

De quelle noce est-il donc question ?...

MALBROUGH, à Bouton d'Or.

Silence!... Tu te recaves... (Haut.) Ah! mon cher de Gomme... vous êtes un homme qui peut se flatter d'être aimé...

BOULE-DE-GOMME.

Dam! ne suis-je point élégant, spirituel, primitif... et beau...

MALBROUGH.

Oh! beau... je vous trouve tout au plus variable... Vous possédez un très-joli sac...

BOULE-DE-GOMME.

Oh! quant à ce qui est du sac... je peux vous confier à tous deux... (Il fait un geste.) Psstt!... Vous savez, aujourd'hui on a un sac, et puis, psst, plus de sac...

BOUTON-D'OR.

Allons donc ! seriez-vous à la côte?...

BOULE-DE-GOMME.

Tu as dit le mot... mais pas à la Côte d'Or!...

MALBROUGH, à part.

C'est bien plus drôle comme ça (Haut.) Pas possible!...

BOULE-DE-GOMME.

Tenez, à preuve!... cette fête de l'autre soir...

BOUTON-D'OR.

Eh bien!

BOULE-DE-GOMME.

Eh bien!... je suis cité devant le juge de paix... pour les rafraîchissements, punch, glace, orgeat, limonade, bière, du cidre...

MALBROUGH.

Voulez-vous un conseil? Laissezvous condamner par défaut...

BOUTON-D'OR.

Ça vous donnera toujours quinze jours...

MALBROUGH.

De sorte... que vous comptez pour redorer votre blason... sur les trésors de madame Malbrough...

BOULE-DE-GOMME.

C'est mon rêve !...

MALBROUGH, à part, S'avançant.

Ah ! ah !... Satan doit bien rire !... là-haut...

BOULE-DE-GOMME.

Elle est bien riche, n'est-ce pas ?

MALBROUGH.

Ah! monseigneur, elle ne connaît pas sa fortune... il n'y a que moi qui la connais!...

BOULE-DE-GOMME.

Ah !... tu me transportes !... Je cours chez le tabellion... je fais dresser le contrat... et dans une heure... A ce soir... Viens Bouton d'Or !...

BOUTON-D'OR, à part.

Elle se remarie !... je la r'adore !...

BOULE-DE-GOMME.

Mais viens donc, Bouton-d'Or! (Ils sortent tous deux.)

SCÈNE VI

MALBROUGH, puis GALAOR.

MALBROUGH.

Hein !... est-ce assez dramatique?... Je savais bien que ça amènerait des situations... Ma femme se remarie... me voilà célibataire... retiré des affaires comme général, sous le faux nom et sous le faux nez de Galaor, de ce pauvre Galaor... Depuis une minute, un homme couvert d'un manteau qui lui couvre la figure, est entré par une porte latérale. Arrivé près de Malbrough, il lui frappe sur l'épaule et se découvre. C'est Galaor.)

GALAOR.

Bonjour... monsieur de Malbrough.

MALBROUGH.

Gal... Galaor... Comment! gredin.... tu es encore de ce monde, et tu oses te présenter devant moi... J'attends des explications...

GALAOR.

Avec plaisir! Vous saurez donc qu'au moment de la bataille, comme j'avais trouvé le mot pour ouvrir le cadenas, j'ai tout bonnement pris dans ma valise...

MALBROUGH.

Achève!...

GALAOR.

Un mannequin que j'ai lai laissé tuer à votre place... à ma place... non... à votre place!

MALBROUGH, l'interrompant.

Un mannequin Ah! mon gaillard, je vais te faire pendre haut et court...

GALAOR.

Ne dites donc pas de bêtises! Qui donc êtes-vous, je vous prie, pour me proposer la pendaison!

MALBROUGH.

Comment, qui je suis?... Mais ton maître, le seigneur de Malbrough.

GALAOR.

Taratata!

MALBROUGH.

Comment, taratata!

GALAOR.

N'y a pas... n'y a pas... vous êtes mort... C'est de notoriété publique... Et si je disais un mot, un seul.... vous seriez déshonoré...

MALBROUGH.

C'est juste... et tous les journaux vont se mettre à m'éreinter! Justement le *Morning chronicle* m'en veut, il ne fait que m'empoigner... Mais alors, si je ne suis plus Malbrough, qu'est-ce que tu veux que je sois?

GALAOR.

Vous vous tournerez un autre nez...

MALBROUGH.

Mais...

GALAOR.

C'est entendu! bien! Maintenant, dites-moi, tout le monde va bien, madame de Malbrough...

MALBROUGH.

Pas mal... merci; elle va se remarier dans un petit moment...

GALAOR.

Et Bobinette?...

MALBROUGH.

Bobinette... comme elle t'aime, en voilà une qui t'aime.

BOBINETTE, dehors.

Galaor!

MALBROUGH.

C'est elle, va-t-en...

GALAOR.

Allez-vous-en vous-même, je resuis Galaor... (Malbrough se cache derrière un fauteuil.)

SCÈNE VII

LES MÊMES, BOBINETTE.

BOBINETTE, entrant.

Mon petit chéri, je suis en train de préparer le repas de noces... Remets donc ça à madame, moi je n'ai pas le temps... C'est très-pressé, ça vient de Louvain...

MALBROUGH, caché, à part.

De Louvain?...

BOBINETTE.

Ah!... tu sais, j'ai tout avoué à madame...

GALAOR.

Tout, quoi...

BOBINETTE.

Oui... elle consent à notre mariage... Certes... il est bien temps après les serments que nous avons échangés... au clair de la lune... mercredi...

GALAOR, surpris.

Mercredi...

BOBINETTE.

Je me sauve... A tantôt, mon trésor! (Elle fait vivement une fausse sortie, pendant laquelle Malbrough s'est relevé de son fauteuil et s'avance au milieu du théâtre. Bobinette revient sur ses pas, et croyant embrasser Galaor, elle embrasse Malbrough, puis elle sort.)

SCÈNE VIII

GALAOR, MALBROUGH.

MALBROUGH.

Comme elle t'aime!...

GALAOR.

Dites donc... ce qu'elle vient de me dire, ces serments, mercredi...

MALBROUGH.

Oh! rien... Elle veut parler d'une petite promenade sentimentale... Oh! c'était bien innocent... Nous avons parlé tout le temps de l'immortalité de l'âme!

GALAOR.

Ah! alors! Allons! hâtez-vous! allez-vous-en.

MALBROUGH, à part, regardant la lettre qu'il tient à la main.

Ah! à propos, cette lettre?... Étude de maître Longue avoine... (L'ouvrant vivement.)

GALAOR.

Eh bien, monsieur... cette indiscrétion!...

MALBROUGH, lisant, à part.

Les lettres de ma femme je les lis toujours!... (Lisant, à part.) Ah! mon Dieu, un second testament... C'est ma femme qui hérite... Bigre! voilà qui change bien les choses!

GALAOR.

Allons! allons!... ne lambinons pas... En route... Partez, muscade! je resuis Galaor.

MALBROUGH.

Au revoir, mon bon barde... et plutôt que tu ne penses... (Il sort.)

GALAOR, apercevant les invités qui arrivent par le fond.

Ah! voici la noce qui s'approche!... il était temps qu'il filât!

SCÈNE IX

GALAOR, BOULE-DE-GOMME, arrivant par le fond en grande toilette, MADAME MALBROUGH, suivie de BOBINETTE, sortant de la droite, BOUTON-D'OR, arrivant par le fond derrière l'archiduc, et annonçant LE TABELLION.

CHŒUR D'INVITÉS.

Après un si long veuvage,
La maîtresse de ces lieux
Consent à combler les vœux
Du cœur le plus amoureux.

BOULE-DE-GOMME, entrant.

Enfin! je vais la voir! qu'elle est lente à sonner
L'heure si désirée,
Où ma belle adorée,
A moi se va donner.

MADAME MALBROUGH, entrant.

C'est lui!

BOULE-DE-GOMME.

Ma toute belle!...

MADAME MALBROUGH.

Prosper... il y a du monde,
Contenez ces élans d'une ivresse profonde
Qui vous inonde.

BOULE-DE-GOMME.

Puisqu'il le faut, je le veux bien,
Mais je puis vous jurer que vous n'y perdrez rien.

MADAME MALBROUGH.

Allons!... voici l'instant!

BOULE-DE-GOMME, au Tabellion qui dormait tout debout.

Eh bien! (*bis.*) Maître Criquet...

(Le Tabellion se réveille et salue.)

MADAME MALBROUGH, bas à Galaor.

Pour signer le contrat, n'est-ce pas, tout est prêt?

(Galaor s'incline et montre de la main la table.)

BOULE-DE-GOMME, MADAME MALBROUGH.

O moment ineffable!

LE TABELLION.

Approchez-vous tous deux de cette table!

(Boule-de-Gomme et madame Malbrough s'approchent.)

Par devant nous, et cœtera,
Tabellion de la contrée,
Ont comparu très-honorée
Dame de Malbrough que voilà!
Et le seigneur illustrissime.

BOULE-DE-GOMME.

Passez, de grâce,
Et signons vite.

Le Tabellion passe la plume à l'archiduc, coup de tam-tam à l'orchestre. Il passe la plume à madame de Malbrough.)

A vous?

(Elle signe. Deuxième coup de tam-tam.)

MADAME MALBROUGH.

C'est fait!

BOULE-DE-GOMME.

Et maintenant, ma douce amie,
Tu m'appartiens, et pour la vie. (*bis.*)

LE TABELLION.

Attendez!... tout n'est pas complet!
Où sont vos témoins, je vous prie?

BOULE-DE-GOMME.

C'est juste... nous n'en avons pas,
Quel embarras!

MADAME MALBROUGH.

Dans cette noble compagnie
On en pourra trouver, je crois.

TOUS.

Choisissez-moi, je vous en prie.

(Madame Malbrough hésite à choisir entre tous ces témoins qui s'offrent à elle. Tout à coup, le portrait de Marbrough placé derrière le Tabellion se retourne et laisse voir la figure de Malbrough.)

MALBROUGH.

Aimez-vous mieux que ce soit moi? (*bis.*)

CHŒUR.

Grands dieux!
Lui dans ces lieux!
Quoi! Malbrough n'est pas mort!

MALBROUGH.

Non! Malbrough n'est pas mort!

TOUS.

Car il vit encor!

MADAME MALBROUGH.

Rêve-je!

BOULE-DE-GOMME.

Dors-je?

BOBINETTE, à Bouton-d'Or.

Pinçons-nous.

MALBROUGH.

Les voilà confondus tous!

CHŒUR.

Quel étrange événement,
Quelle bizarre aventure,
C'est bien son harnachement
Et sa noble figure!

GALAOR, à part.

Je ne comprends rien à votre truc.

MALBROUGH.

(Parlé. A Galaor.) Pas d'étonnement. Je te marierai à Bobinette, voilà sa dot. Apporte cette lettre à madame Malbrough, dans un quart d'heure! (Haut.) Qu'on me laisse seul avec ma veuve et mon cessionnaire... Sortez!

REPRISE DU CHŒUR.

Quel étrange événement,
Etc.

(On sort.)

SCÈNE X

MALBROUGH, BOULE-DE-GOMME, MADAME MALBROUGH.

MADAME MALBROUGH.

Je n'en puis croire mes yeux... vous?...

MALBROUGH.

Vous ne vous attendiez pas à celle-là ?

BOULE-DE-GOMME.

Dame !

MALBROUGH.

Et je vous pince d'une assez jolie façon... Ah ! je peux me vanter d'avoir été joliment regretté... Oui, il faut le dire vite ! Madame, voulez-vous mon opinion ? Eh bien, si jamais votre conduite est connue de la postérité,.. vous serez la honte du sexe auquel je dois ma belle-mère !...

MADAME MALBROUGH.

Ah ! mais, dites donc... si vous êtes revenu pour m'agoniser comme ça... vous pouviez bien rester où vous étiez... Je ne vous ai pas fait demander, savez-vous !

MALBROUGH.

Madame !...

BOULE-DE-GOMME, à part.

Je joue un drôle de rôle, moi, dans tout ça.

MADAME MALBROUGH.

Et puis, après tout, voyons, causons tranquillement. Qu'est-ce que vous avez donc tant à me reprocher ?

MALBROUGH.

Comment ce que j'ai ?... (A l'archiduc.) Non, mais comment la trouvez-vous, hein ?

MADAME MALBROUGH.

Sans doute !

I.

Ne criez pas si fort en somme,
Monsieur mon premier époux ; (bis.)
Vous êtes un assez brave homme,
Montrez-vous donc un peu plus doux.

Voyons ! de quoi vous plaignez-vous?
Sous de noirs atours,
Dans cette demeure,
Comment ! je vous pleure
Pendant trois longs jours!
Ah! monsieur mon époux,
J'en connais entre nous
Qui n'auraient pleuré qu'un quart d'heure.

II.

Aurait-il pas fallu peut-être
Manger de la mort au rats ?
Me frapper d'un coutelas
Ou me jeter par la fenêtre
En apprenant votre trépas?
Ah ! non, tu ne le voudrais pas.
Sous de noirs atours...
Etc.

BOULE-DE-GOMME.

Dans tout ça, à qui qu'elle appartient ?

MALBROUGH.

A moi !

BOULE-DE-GOMME.

Et bien, et moi ? Le contrat est signé, il est excellent !

MADAME MALBROUGH.

Il a raison, mon second.

MALBROUGH

Mais nous n'y sommes plus, mes enfants... Suivez bien mon raisonnement : Ou vous n'êtes pas mariés, et alors, je garde mon épouse...

BOULE-DE-GOMME.

Ou nous sommes mariés !...

MALBROUGH.

Alors, comme elle se trouve bigame, je me fais un devoir, comme justicier dans mes propres terres, de la faire pendre !... ce qui arrange tout !...

BOULE-DE-GOMME.

Le fait est que ça arrangerait tout...

MADAME MALBROUGH.

Je n'aime pas cette combinaison...

BOULE-DE-GOMME.

Oh! mais non, ça ne me va pas; ce que je veux, c'est elle!

MALBROUGH.

Moi ibidem!

MADAME MALBROUGH, à part.

Quel drame! (Haut.) Mais, pourtant, Messeigneurs... il faudrait se mettre d'accord... à moins de me partager en deux...

BOULE-DE-GOMNE.

Il en resterait encore assez...

MALBROUGH.

Oui, mais nous ne nous entendrions pas sur la distribution, je refuse!

BOULE-DE-GOMME.

Moi aussi.

MALBROUGH, à part.

Le quart d'heure doit s'avancer. En avant, les grands moyens! (Haut.) Mon Dieu, je sais bien qu'à ne considérer que le bonheur de madame, sans doute, elle serait plus heureuse avec vous.

MADAME MALBROUGH.

Oui!... oh! oui!...

BOULE-DE-GOMME.

Vous l'entendez! Je ne lui fais pas dire...

MALBROUGH.

Certainement... D'abord, vous n'êtes pas bien malin...

MADAME MALBROUGH.

Non! oh, non...

BOULE-DE-GOMME.

Non, je ne suis pas bien malin...

MALBROUGH.

Vous l'entendez... Je ne vous le fais pas dire... De plus, votre immense fortune... Et comme ma femme n'a pas le sou.

BOULE-DE-GOMME.

Comment dites-vous ça?

MADAME MALBROUGH.

C'est la vérité, Prosper... et j'en suis heureuse, puisque c'est à vous que je devrai la richesse avec la fortune...

BOULE-DE-GOMME, à part.

Oh! là là! (Il remonte.)

MALBROUGH, à part.

Ça a jeté un froid.

MADAME MALBROUGH, à part.

O mon Dieu!... Il semble hésiter!

BOULE-DE-GOMME.

Pas le sou... c'est une façon de parler... Vous devez bien avoir quelques petites économies, quelques petites propriétés...

MADAME MALBROMGH.

En fait de propriétés, Prosper, oui, non... Je n'ai que celle de vous plaire, mon ami...

BOULE-DE-GOMME à part.

Oh! là là! (A Malbrough.) Voyons, mon cher voisin... nous pouvons peut-être nous entendre... Au fond, vous êtes le premier en date!... Il y aurait procès, scandale... Tenez, je suis un bon Boule-de Gomme, je vous la rends!...

MADAME MALBROUGH

Qu'entends-je! (A Boule-de-Gomme.) Ah! Prosper... voulez-vous savoir mon opinion sur votre compte...

BOULE-DE-GOMME.

Je n'y tiens pas...

MADAME MALEROUGH.

Eh bien! vous n'êtes qu'un petit crevé!

BOULE-DE-GOMME.

Monsieur!...

MALBROUGH.

Le v'là, ton Prosper, dont tu faisais ton Dieu... Heureusement que je vous reste, madame!

MADAME MALBROUGH.

Quoi... vrai!... Tu me pardonnerais... Tu m'aimes donc, toujours, mon pauvre Brougbrough!

MALBROUGH.

Plus que jamais!... (A part et tirant sa montre.) Et puis je n'ai que le temps de pardonner, avant... justement... la voici...

SCÈNE XI

LES MÊMES, GALAOR.

GALAOR.

Noble dame... c'est très-pressé...

MADAME MALBROUGH.

Une lettre... (A Malbrough qui la regarde.) Veux-tu la lire, mon bijou ?

MALBROUG.

Avant toi, Fifine ? oh ! jamais !

MADAME MALBROUGH.

Tiens ! Elle est de Louvain, du notaire de la succession.

BOULE-DE-GOMME, à part.

Hein ?

GALAOR, bas à Malbrough.

Dites donc... moi aussi je l'ai lue... Je comprends pourquoi vous êtes revenu... (Lui tapant sur le ventre.) Gros malin, va !

MADAME MALBROUGH, poussant un cri.

Ah ! c'est la juste récompense de ta générosité...

MALBROUGH, naïvement.

Qu'est-ce donc qu'il y a là-dedans ?

MADAME MALBROUGH.

Il y a... Il y a que l'oncle Tête-à-Giffles...

MALBROUGH, essuyant une larme.

Eh bien ?

MADAME MALBROUGH.

A fait un second testament...

MALBROUGH, l'air surpris.

Pas possible !

GALAOR, à part.

Il ment joliment bien, le patron !

BOULE-DE-GOMME.

Et ?...

MADAME MALBROUGH.

Et c'est moi qui hérite...

BOULE-DE-GOMME, à part.

Sac à papier ! Ah ! la revoilà riche ! (Haut.) Pardon... mais, dites donc... Au fait, si je voulais bien... tout à l'heure, il y y avait un contrat en bonne forme... (Le prenant sur la table.) même que le voici...

MADAME MRLBROUGH, vivement.

Vous croyez ? Faites donc voir, Prosper ! (Elle lui prend le contrat des mains, en fait une boulette et l'avale.) Oui, il est bon, et la preuve qu'il est bon, c'est que je le mange...

BOULE-DE-GOMME.

Ah !

MALBROUGH, allant au fond.

Entrez tous ! et partagez ma joie pour cet heureux dénouement.

SCÈNE XI

TOUS LES PERSONNAGES.

CHŒUR.

Par nos chants d'allégresse,
Célébrons en ce jour
Notre sincère ivresse
Pour un heureux retour !

MADAME MALBROUGH.

Dans le sang retrempée,
Cette vaillante épée,
Illustre de nouveau,
Va rentrer au fourreau ! (ter.)
Lauriers, honneurs, victoire,
Plumet, grand sabre, ennemis, joug,
Telle est la noble histoire
Du grand seigneur Malbrough !

REPRISE DU CHŒUR.

Par nos chants d'allégresse,
Etc.

FIN.

POISSY. — TYP. ET STÉR. DE AUG. BOURET

www.ingramcontent.com/pod-product-compliance
Ingram Content Group UK Ltd.
Pitfield, Milton Keynes, MK11 3LW, UK
UKHW020343180726
13839UKWH00002B/883